訊問《じんもん》の罠

——足利事件の真実

菅家利和
佐藤博史

角川oneテーマ21

目次

菅家利和

第一章　私はなぜ、虚偽の自白に追い込まれたのか

事件の半年後、警察官が訪ねてきた

はじめて警察官が家にやってきたのは、私が逮捕される一年ほど前、一九九〇年の一一月のことでした。真実ちゃんが殺されてから半年ほど経った時のことです。

一九九〇（平成二）年五月一二日、栃木県足利《あしかが》市のパチンコ店にお父さんと一緒に来ていた松田真実ちゃん（当時四歳）が行方不明になり、翌朝、近くにある渡良瀬《わたらせ》川の河川敷で死体で発見されました。

事件のことは新聞やテレビの報道を見て知っていましたが、自分が疑われているなどとは想像もしていなかったので、本当に驚きました。

あとから知ったことですが、このとき警察は、真実ちゃんが行方不明になったパチンコ店の常連客を洗い出し、そのなかに私がふくまれていたのです。

事件が起きたとき、私は四三歳で独身でした。近所付き合いもあまりなく、仕事のない日はパチンコに行くか、実家から自転車で一五分程の場所に借りていた借家に閉じこもっていることが多かったので、容疑者の一人にされてしまったのだと思います。

ある日突然、交番のお巡りさんが借家を訪ねてきました。

私はちょうど、実家に行こうと思ってバイクを出していたところでした。そこでお巡りさんから「家に上がっていいか」と言われたので、出かけるのはやめて、どうぞと、家の中へと入ってもらいました。その時点でも私は、どうしてお巡りさんが来たのか、まるでわからずにいたのです。

そのとき、お巡りさんには押し入れの中を見せてほしいと言われました。プライバシーに関わることだし、人に見られては恥ずかしいものもあったので、やっぱり抵抗はありました。それでも、相手は警察官なので断れませんでした。お巡りさんは押入れを開け、これはなんだ、あれはなんだ、と聞いてきました。

それからお巡りさんは、すぱすぱとタバコを吸いながら質問してきて、三〇分ほど家にいました。そのあいだに一〇本くらいタバコを吸ったのではないかと思います。あとから考えてみると、そうしながら、こちらの反応を窺《うかが》っていたのかもしれません。しかし、そのあいだも私は、びくびくしたり不安げにしているようなことはなかったはずです。私に後ろめたいことなどなかったからです。

帰り際になって、お巡りさんが「キミは真実ちゃんを殺してないよね?」と言ったので、「そんなことはしていません」と返事をしました。すると、お巡りさんは「やってないんだね」と念押ししてから、「じゃあ帰るから」と、家から出て行きました。

それから一年間、警察が訪ねてくることはありませんでした。

しかし、私が気づかずにいただけで、警察による尾行が続けられていたそうです。そのあいだに私は、送迎バスの運転手をやっていた幼稚園をクビになりました。それもやはり、警察の尾行が続いていたことと無関係ではなかったと、あとで知りました。裁判に提出された証拠で、警察官が幼稚園の園長に会い、私が真実ちゃん殺しの容疑者の一人だと園長に話してしまったからだと分かったのです。


二度目に警察が家にやって来たのが、一九九一(平成三)年一二月一日でした。

朝の七時ぐらいのことで、目を覚ますと玄関をどんどん叩《たた》く音がするのに気がつきました。それで寝間着のまま玄関へ行くと、「警察だ。菅家はいるか!」という乱暴な声が聞こえてきました。ドアを開けると、その途端、三人の刑事が家の中になだれ込んできました。六人の刑事がいて、そのうち三人が家に入ってきたのです。「そこに座れ」と、家の中のガラス戸前に座らされると、すぐに「子供を殺したな」と言われました。

　私はもちろん、「いえ、やっていません」と答えましたが、次の瞬間にはいきなりヒジ鉄が飛んできました。座った体勢で、強く胸を殴られたので、後ろにひっくり返ってしまい、あやうく後ろのガラス戸にぶつかるところでした。それくらい強いヒジ打ちで、こちらもかなりの勢いで倒れてしまっていたのです。

あらかじめ決められていた「強制同行」

　その日は日曜日で、以前に勤務していた保育園の保母さんから結婚式の披露宴に招かれていましたので、午前中に散髪に行って、午後には披露宴に出かける予定でした。人付き合いの少ない私にとって、保母さんから披露宴に招待してもらったのは心の底から嬉《うれ》しいことだったのです。

　しかし、私が結婚式の予定を話して、出たいと言っても、「そんなことはどうでもいい」と相手にされませんでした。

私は本当に腹が立って、「どうしてそんな言われ方をしなければならないんだ」と、心の中で思いましたが、もともと気が小さい私は、反論することもできませんでした。

そのうち私は悲しくなって涙ぐんでしまいました。すると刑事の一人は、ポケットから真実ちゃんの写真を取り出し、「謝れ！」と、言うのです。

犯人でない私には謝る理由はありません。それですぐには写真に謝りませんでした。しかし、しばらく写真を見ているうちに、こんなに小さな子が殺されたのかと、可哀そうになってきたので、冥福《めいふく》を祈るつもりで自然に両手を合わせていました。

それもいけなかったのだと思います。

その後すぐに警察への同行を求められました。

しかし、それは任意などではなく、強制そのものでした。家の中で手錠は掛けられませんでしたが、警察に行くのを断っても許されず、無理やり足利警察署へ連れて行かれたのです。

このときすでに足利警察署の前には一〇〇人を超す報道陣が詰めかけていたそうですが、私は気づきませんでした。

なんでもこの日の朝刊に、重要参考人の事情聴取があるという記事が出ていたそうで、警察はすでに後戻りができない状態になっていたのかもしれません。

嘘の自白に追い込まれた

足利警察署に着いたのは午前八時半頃のことでした。取調室で三〇分くらい待たされてから取り調べが始まりました。取り調べといっても、最初から「お前がやったんだな」という言い方を何度もされていただけです。

取り調べを担当した二人は、家に来ていた中の二人と同じでした。途中で昼食の時間はありましたが、午前中も午後も、「お前が殺したんだな」「いえ、やってません」という押し問答が続いていくばかりでした。

夕食も取りましたが、その後もすぐに取り調べが再開されました。

夜になると、取り調べの刑事は「今は科学捜査の時代だ。証拠はあるんだ」という言い方をするようになりました。私はもちろん、「いくらそう言われても、やっていないものはやっていません」と答えるだけでした。

このとき、刑事は「証拠はある」という言い方をしながら、「DNA鑑定」という言葉は一度も口にしませんでした。この当時はDNA鑑定というものが取り入れられたばかりだったそうで、警察官も十分に理解していなかったのかもしれません。

また、これもあとで知ったことですが、夜になると、足利警察署の周りには五〇〇人以上の人だかりができていたそうです。中継用のテレビ局も来ていたそうで、「菅家逮捕」のニュースが、絶対に必要な状況になっていたのだと思います。

朝からずっと私を犯人と決めつけてきた刑事は、私がどうしようもない人間だと言って、人間的な部分でも責め続けてきました。刑事は「お前はもう絶対、逃げられないんだ」「早く白状しろ、そうすればラクになる」と言い続けました。そして、その責めは、夜になってからいっそう厳しいものになってきました。

何度もやられたわけではなく、それぞれ一回でしたが、髪の毛を引っ張られたり、スネを蹴《け》られたりもしました。こちらを脅すようにテーブルをどんどん叩《たた》くようなことも、何度かありました。その乱暴さにはびっくりしましたし、この人たちはヤクザみたいだと思って、ただただ怯《おび》えていたのです。「馬鹿ヅラをしているな」と言われたのもショックでした。しかし、私は何も反論できませんでした。

夜の一〇時過ぎだったと思います。

どれだけ自分じゃないと言っても聞き入れてはもらえず、脅迫と変わらない取り調べを受けているうちに、もうどうでもいいや、という気持ちになってしまいました。

ヤケになったといえばそうですが、とにかく早くこんな恐怖からは逃げ出したいという気持ちが強くなったのです。

それで私はとうとう、「自分がやりました」と口にしてしまいました。

よく聞かれることですが、そのときには、それで自分が死刑になるかもしれないとか、どのくらい刑務所に入れられることになるのかとか、そうしたことは少しも考えませんでした。家族に迷惑をかけることになるということも頭に浮かんできませんでした。そういう余裕は少しもなくて、このまま黙っていては、いつまでも責められるだけだと思えたので、それから逃れたかっただけなのです。

いまの私であれば、そんな自供をすることはないはずですが、当時の私は、警察の前であまりに弱い存在でした。

自分がやりましたと言ったあと、私は刑事の手を握って泣きました。

やってないにもかかわらず、やったと言うしかなかったのが悔しくてたまりませんでした。それに私が、自分がやりましたと言うと、「おお、そうか」と喜んだ刑事は、その後は乱暴な態度を見せることもなくなりました。

そのときは本当に、それからのことなど何も考えられなくなっていたのです。

嘘に嘘を重ねた「自白」

その後、細かく事件のことを供述していくことになりました。

最初のうちは、刑事から、犯行の様子を質問されて、「覚えていません」と答えると、「思い出せ」と怒鳴られるような繰り返しでした。しかし、覚えていませんと答えるだけでは許してもらえません。それで私はやがて、自分で話をつくり、それをしゃべるようになっていったのです。

そうやって私が話をすると、刑事は「そうか」と納得した顔を見せてくれるので、話を続けていたほうが早くラクになれるという思いが強くなっていったのです。

一度嘘の供述をしてしまうと、止められなくなる部分もありました。自分の言ったことが嘘だとばれれば、また怒られるに決まっています。それで、最初からやり直しになるのが怖くて、嘘がばれないように、また嘘をつきました。そんな繰り返しになっていったのです。

私の自白にはおかしなところが多かったので、二審から弁護を担当した佐藤博史弁護士は、私の自白にはいろいろ疑問があり、事実ではない、ということを証明しようとしてくれました。

私の供述に数多くの矛盾があったのは無理もありません。こういう言い方をすると無責任かもしれませんが、行きあたりばったりでついつい言ってしまったことなので、でたらめな話になっているのは当然だったのです。

現場検証のときにしても、私はどこに遺体があったのか知りませんので、「ここです」と適当に答えるしかありませんでした。それで刑事から「違う、もっと先だ」と言われると、「そうだったかもしれません」と誤魔化しながら話を合わせたのです。

事件のなりゆきについても刑事にいろいろ質問されていくなかで、その都度、嘘がばれないようにと必死で考えながら答えていたものです。ですから、実際にはあり得ないような話になっていたのも仕方がないことだと思います。

検察官の取調べも刑事の取調べと同じで、脅されはしませんでしたが、無理やり嘘を考えて話すしかなかったのです。

取り調べの日々

真実ちゃんの事件で起訴されたあと、その事件より前に起きていた別の二件の幼女殺害事件についても自供させられました。

この二件については結局、嫌疑不十分で不起訴になりましたが、「こっちの事件もお前だろう?」と迫られると、そうです、と答えるしかなくなっていたのです。

万弥ちゃん事件では「女の子の遺体が入れられていたリュックはどこで手に入れたのか?」と質問されれば、「ゴミ箱で拾いました」と答えるというように、その都度、答えを考えたのです。

この頃は毎日が取り調べの連続で、とにかくつらくてたまりませんでした。

少しでも早く取り調べが終わってほしかったので、こうだったのではないかと言われれば、そうですと答えて、どうだったのかと訊《き》かれれば、答えを必死で考えました。その頃の私には、そうしていくよりほかにラクになる方法は考えられなかったからです。

私の供述のなかには、真犯人しか知らない〝秘密の暴露〟はひとつもありません。それも当然で、事件と無関係の私には、実際の犯行がどのように行われたのか知りようもなかったからです。

たとえば、女の子の遺体が裸だったということも、警察に「これが遺体とは別のところに捨てられていた衣服だ」と見せられて、はじめて知ったことのひとつでした。それで、そういうことを知るたびに私は、どこどこで服を脱がせました、というような供述を付け加えていったのです。

　初公判で罪を認めたのも、お人好しと思われるかもしれませんが、裁判官なら、私が本当のことを言っていないと見破って私の無実をわかってくれると思っていたからです。

　裁判所で本当のことを話せなかったもうひとつの理由は、傍聴席に刑事が来ているのではないかと思っていたことです。法廷で私が嘘の自白をしていたことを告白して、「本当はやっていません」などと話したりすれば、「何を言ってるんだ！」と、また怖い目に遭わされるのではないかと恐れていたのです。弁護士が付いていただろうと言われますが、そのときは弁護士が自分の味方とは思っていなかったのです。

取調室という〝密室〟

　一七年半ものあいだ、拘束されていたことで、いまの私は少しは強くなったと思います。以前の私であれば考えられなかったことですが、刑務所の仲間同士がケンカになって、注意したこともあります。

「ケンカしたら懲罰になるよ」と注意したら、「うるせえんだよ、お前」と言われました。

それに対して「何をこの野郎！」と言い返しました。これが私が刑務所で初めて使った強い言葉でしたが、そう言えて初めて自信を持つことができました。

ですから、今の私であれば、当時のような取り調べを受けても、それに負けて、やってもいないことを自供してしまうようなことはないだろうと思います。

今ははっきり言えますが、気の弱い人間では絶対にダメです。当時の私は本当に気が小さい人間でした。普通の人でも、ああした取り調べに耐えられるかどうか分かりませんが、気の弱い人間だと間違いなくやっていないこともやってしまったと言ってしまうと思うからです。

私はこれからは冤罪《えんざい》に苦しむ人の支援をしたいと考えていますが、私と同じような状況で自供をさせられ、苦しんでいる人は少なくないと思っています。

こうした冤罪をなくすためにも、取り調べのすべてを録音・録画するようにする〝全面可視化〟を求めていくつもりです。

ビデオで撮られていると緊張してしまうかもしれませんが、それよりも、取り調べる側が無茶なことができなくなることの方が大きいと思います。

そしてビデオを前に緊張してうまく話せなくても、正直には話せます。可視化されていない密室のままであれば、どうしても警察のいいなりになってしまいます。

ビデオは一台だけでなく、できれば二台、三台置いてほしいと思います。なぜなら、私のように取り調べ中にスネを蹴られるような人も少なくないはずだからです。それをなくすためにも、高い位置から撮っているビデオだけでなく、低い位置から撮るビデオも入れて、取調室の状況がこと細かにわかるようにしておく必要があるのです。

私が身体を拘束された一七年半は私にとって本当に大切な時期でした。そして、失われた時間は二度と戻ってきません。

私のような思いをさせられる人が今後二度と出てこないようにと祈るばかりです。

佐藤博史

第二章 「足利事件」とはどのような事件だったのか

ます。

菅家さんの無実を確信したとき

菅家利和さんとの出会いは、私の人生のなかでも最も運命的なものの一つだったと思います。

そのきっかけは、私が一九九二年暮れに脱稿した「DNA鑑定と刑事弁護」という論文(『法律時報』一九九三年二月号)でした。この論文は、当時わが国の刑事裁判で用いられていたDNA鑑定について調べて書いたものでしたが、一九九二年二月一三日に第一回公判が始まっていた足利事件も対象でした。足利事件はわが国でDNA鑑定の証拠能力が争われた初めてのケースでしたので、弁護人の梅澤錦治弁護士に会って話を聞き、科学警察研究所(科警研)のDNA鑑定書や科警研技官の証言調書も入手して、そこに潜む問題点を指摘しました。しかし、当時菅家さんは公判廷でも自白していました。そこで、私は論文で、「わが国では、自白事件でDNA鑑定の証拠能力が争われており、一種のねじれ現象がみえるが、いずれ否認事件でその証拠能力と証明力が本格的に争われることになるだろう」と書き、「DNA鑑定が常に検察官側の証拠として登場するわけではないことも忘れてはならないのである」とその論文を結びました。

まさか、私が菅家さんの弁護人になり、足利事件が本格的にDNA鑑定を争う最初の事件になるとは、そのとき思ってもみませんでしたが、ともあれ、私は、この論文を書き始めた一九九二年夏から足利事件と知らぬ間に併走していたのです。

菅家さんに対する一審判決は、一九九三年七月七日に下され、菅家さんは直ちに控訴しました。東京高裁では女性の弁護士が国選弁護人に選任されましたが、菅家さんの無実をいち早く信じた西巻糸子さんは、支援グループの人を通じて、DNA鑑定について論文を書いていた私に、菅家さんの弁護を頼んできたのです。

足利事件のDNA鑑定については既に一定の知識もあり、足利事件の一審判決についてマスコミから求められてコメントしていた私は、一審判決に問題があることは知っていました。しかし、梅澤弁護士から菅家さんは犯人だと聞いていましたので、西巻さん達の「菅家さんは無実です」という話をそのまま信じることはできませんでした。しかも、一審判決が無期懲役という重大な事件です。私は、直ちには応じませんでした。そこで、私は、国選弁護人に電話をしてみて、どのような弁護士なのか確かめることにしました。すると、その弁護士は、控訴趣意書の提出期限が二週間先に迫っているのに、菅家さんと接見もしていないというのです。ＤＮＡ鑑定が問題になっている重大な否認事件ではおよそ考えられない事態です。

そこで、私は、即座に弁護人になることを決断し、その弁護士に、電話で、私が弁護人になることを伝え、直ちに、裁判所に私が弁護人になることを連絡しました。私選弁護人が就くと、国選弁護人は自動的に解任されることになっていたからです。その後、西巻さん達に私が弁護人になることを伝えましたが、最初躊躇《ちゅうちょ》していた私が何故、突然弁護人になると言い出したのか、西巻さん達には分からなかったと思います。

ある人の弁護を引き受けるということは、弁護士にとっても重大な判断です。私も普段であれば、菅家さん本人と接見したのちに決めると思います。しかし、このときは控訴趣意書の提出期限が二週間後に迫っていたこと、ＤＮＡ鑑定について知識のある弁護士が多いとは思えないこと、つまり、私が引き受けるしかないと思えたことから、とっさに菅家さんの弁護人になることを決意したのです。菅家さんが無実であると思ったからではありません。

　こうして、菅家さんの弁護人になると裁判所に通告したのち、菅家さんと接見することになりました。一九九三年九月七日のことです。梅澤弁護士から菅家さんは犯人であると聞かされていた私は、東京拘置所に向かう道すがら、菅家さんの無実の訴えは本当なのだろうかという思いで一杯でした。刑事弁護人は、被告人の無実の訴えを、たとえ地球上のすべての人が信じなくとも、最後まで信じて弁護しなくてはならない使命を帯びています。私は、これを弁護人の「誠実義務」と呼び、弁護人のもっとも重要な任務であると説いてきました（詳しくは、佐藤博史『刑事弁護の技術と倫理―刑事弁護の心・技・体』〔二〇〇七年、有斐閣〕を参照して下さい）。

　しかし、弁護人自身が被告人の無実を確信できるのか、そうでないのかで、弁護人の事件に取り組む姿勢が違ってくるのも事実です。

　しかし、東京拘置所の接見室に現れた菅家さんと接見して三〇分も経たないうちに、私は、菅家さんの無実を確信しました。今考えると、それは私の刑事弁護人としての資質が試された瞬間でした。私は、そのとき菅家さんとどのような話をしたのか覚えていませんが、東京拘置所に向かうときの不安な気持ちとあとにしたときの晴れやかな気持ちを、今でもよく覚えています。私は、「最初の接見で菅家さんの無実を確信できたことの感動を私は生涯忘れないだろう」と書いたことがありますが、ともあれ、菅家さんとの最初の接見は、私のその後の運命を変えた瞬間だったのです。

足利事件について、事件の概要しか知らなかった私が、わずかの接見で菅家さんの無実を確信できたのは何故か、そして、それ以来、おそらく一〇〇回近くになる菅家さんとの接見で、菅家さんの無実を疑うことがなかったのは何故か、これからお話ししたいと思います。

足利市で起きた三つの事件

「足利事件」とはどのような事件だったのか——、その概略を振り返っておこうと思います。

一九九〇（平成二）年五月一二日（土曜日）、栃木県足利市内のパチンコ店で四歳の女の子＝松田真実ちゃんが行方不明になり、翌日、パチンコ店から直線距離にして約四〇〇メートル南方の渡良瀬川の河川敷の葦《あし》の茂みの中で死体となって発見されました。そして、付近の川の中から犯人の精液が付着した真実ちゃんの半袖《はんそで》下着が発見されました。わいせつ目的の誘拐・殺人・死体遺棄事件です。

ところで、足利市ではこの事件以前にも二件の幼女殺害事件が起きていました。最初の事件は、一九七九（昭和五十四）年八月三日、真実ちゃんの事件から一一年前のことでした。行方不明になった五歳の幼女＝福島万弥ちゃんが六日後、腐乱死体となって発見されたのです。遺体の発見現場は、万弥ちゃんが最後に目撃された場所（八雲神社近く）から二キロしか離れていない渡良瀬川の河川敷で、真実ちゃんの遺体が発見された場所の対岸の、直線距離でわずか約二〇〇メートルの場所でした。

発見された万弥ちゃんは下着一枚で、エビ反りに折り曲げられ、手足をビニール紐《ひも》で縛られ、黒いゴミ袋に入れられたうえ、リュックサックに詰め込まれるという惨《むご》たらしいものでした。解剖の結果、死因は絞殺と推定されました。また、遺体に付着していた腐葉土は、八雲神社裏山の織姫公園のものである可能性が高いと鑑定され、その場所が殺害現場ではないかと考えられました。

第二の事件は、一九八六（昭和六十一）年の三月に起きた五歳の幼女＝長谷部有美ちゃん事件です。有美ちゃんはパチンコ店で行方不明となり、一年半後、少し離れた畑から白骨死体となって発見されたのです。

足利市では、この二つの幼女誘拐殺人事件が未解決のままだったとき、真実ちゃんの事件が起きたことになります。

そこで、足利警察署は、真実ちゃんのお父さんからの通報を受け、直ちに警察官を動員し、警察犬二頭を出動させて、真実ちゃんの行方を捜索しました。そして、警察犬が、パチンコ店の近くの渡良瀬川の河川敷の中にある児童公園で追跡を止めたために、翌五月一三日（日曜日）未明からその付近を捜索し、午前一〇時二〇分頃、葦が生い茂る草むらの中に真実ちゃんの死体を発見したのです。

真実ちゃんの事件は、万弥ちゃん事件や有美ちゃん事件と比較すると、迅速に初動捜査が行われ、翌朝には死体が発見されたことから、証拠の収集は完璧《かんぺき》に近いものでした。そこで、未解決の二つの事件も一挙に解決できるのではないか、また、そうでなくてはならないと、真実ちゃん事件の捜査には大きな期待が寄せられたのです。

栃木県警は、警察の威信をかけて捜査に取り組み、「捜査員二千人体制」を敷きました。警察の発表によれば、動員した捜査員は延べ四万七〇七八人、七〇四世帯に聞き込みし、捜査線上に浮かんだ不審者は約三〇〇〇人、うち一六〇四人から事情聴取したというのです。

しかし、当初の期待に反し、捜査は思うような進展を見せず、市民の中からは、「税金泥棒」「役立たず」「刑事は寝るな」といった非難の声もあがるようになる一方、足を棒にして捜査に従事する警察官に差し入れを含む市民からの激励の声も数多く届けられました。捜査に従事した警察官から二人の殉職者も出たと報じられましたが、思うように進まない捜査を前に捜査本部の焦りも相当のものがあったと思われます。

菅家さんは小児性愛者ではない

菅家さんは、当初、真実ちゃんが行方不明になったパチンコ店の常連客の一人としてリストアップされたに過ぎません。

しかし、前章で菅家さん自身が回顧しているように、警察官が菅家さんの借家を訪ねてきて、菅家さんが事件当時四三歳の独身男性で多数のアダルトビデオなどを持っていることを知り、菅家さんは性的に欲求不満な状態にあるのではないかと警察が考えたこと、菅家さんから提供された唾液《だえき》を調べて、菅家さんの血液型が犯人と同じB型の分泌型（血液以外の体液、例えば、汗や唾液、精液からも血液型が分かるタイプ）と分かったことが理由だと思われますが、警察は、一九九〇年一一月末から菅家さんの尾行を開始しました。菅家さんが朝自宅を出て、夜自宅に戻るまで、四六時中菅家さんの動静を観察し始めたのです。日本人の五人に一人はB型で、そのうち六五%は分泌型ですので、「性的欲求不満な状態にあるB型の分泌型の独身男性」は菅家さん以外にも多数いたに違いありません。つまり、菅家さん以外に警察から尾行された足利市民はほかにもいたと考えられます。

しかし菅家さんは、警察から尾行されていることに気づきませんでした。そして、この尾行は、菅家さんが任意同行される一九九一年一二月一日の前日までなんと一年間も続けられたのです。

警察の尾行が開始された当時、菅家さんは真実ちゃん事件が発生した時と同じく、A幼稚園の送迎バスの運転手でした。つまり、菅家さんは、日常的に幼女に取り囲まれて生活していたことになります。しかし、子どもたちが裸になる場面（水遊び、入浴や健康診断など）で菅家さんが変な眼で幼女を眺めていたなどということはありませんでした。また、菅家さんは、レンタルビデオ店も利用していましたが、借りるビデオの中にいわゆるロリコンものは一本もありませんでした。

電車内での痴漢やスリ、盗撮などの捜査で、捜査官が人の視線に注目して容疑者を探すことはテレビでも時々報じられています。また、幼女を対象とした犯罪は、成人女性を対象とした犯罪と異なり、被害幼女に被害意識を持たせないで犯行を行うことも可能です。

そこで、幼女を対象とした事件では、幼女に手当たり次第声を掛ける「声掛け事案」が必ず先行します。

しかし、警察は、菅家さんの尾行を続けた一年間、菅家さんが幼女を変な目つきで見たり、声を掛けたりした場面を一度も目撃しなかったのです。

真実ちゃんを殺した犯人が、小児《しように》を性欲の対象にする「小児性愛者《せいあいしや》」であることは疑う余地はありません。菅家さんが真実ちゃんを殺した犯人だとすると、警察に尾行されていた当時の菅家さんの小児性愛者としての傾向はますます深まって、次の犠牲者を探す目つきになっていたにちがいありません。

しかし、菅家さんは、警察官に四六時中尾行されながら、そのような素振りをまったく見せなかったのです。菅家さんが小児性愛者ではないこと、つまり、菅家さんが足利事件の犯人ではないことは、事実を冷静に振り返れば、警察自身が知っていたことになります。

菅家さんが過去の事件の犯人だったなら……

最初の接見で菅家さんの無実を確信したこととも関係しますが、真実ちゃんを殺した犯人が小児性愛者であったことは疑う余地がありません。真実ちゃんの死体が発見された場所付近の川から真実ちゃんの半袖下着が見つかりましたが、そこには犯人の精液が付着していたからです（なお、のちに述べることと関係しますが、真実ちゃんの性器に一切損傷はなく、死体から精液は発見されなかったことにも注意しておいて下さい）。

私は、一九五四年に静岡県島田市で発生した六歳の幼女＝佐野久子ちゃんが誘拐され死体で発見された殺人・死体遺棄事件の再審公判で弁護人の一人だったほかに（この事件で死刑判決を下されたAさんは無罪とされました）、実際に小児性愛者だった大学生が一三人の幼女を犠牲にした事件の国選弁護を担当したことがあります。

その大学生は、未成年だった当時、風俗店の女性から金を持っていないことで馬鹿にされ、成人女性に性的興味を持てなくなり、幼女に向かうようになったのですが、私が控訴審で弁護人になって悩みを聞くうちに次第に性欲の対象が幼女ではなく成人に向かうようになり、立ち直ったのでした。つまり、私には、小児性愛者による犯罪がどのようなもので、小児性愛者の世界がどのようなものなのか、それなりに知識があったのです。

そのような知識に照らし合わせてみると、菅家さんが小児性愛者でないことはすぐに分かりました。本物の小児性愛者は、そうでない者の世界を経験したことはありません。ある人が自分の故郷を本当に知っている人かどうかを確かめることが容易なように、小児性愛者であるのに正常を装っている人なのか、そうでないのかは、極めて容易に判断することができます。たとえば、小さな女の子のどこが可愛いか、何をして遊んだら楽しいか、そのときどんな気持ちになるか、などです。

ところで、足利市では真実ちゃん事件の一一年前と六年前にも幼女が誘拐されて死体となって発見される事件が起きていました。

菅家さんは、真実ちゃん事件で逮捕されたあと、この二つの事件についても追及され、犯行を認める自白をしていました。

菅家さんは、この二つの事件については不起訴になっていましたが、仮に菅家さんがこの二件の事件の犯人だったとしたら、菅家さんの小児性愛の傾向は極めて強いものになっていたに違いありません。

そして、「三件目」の事件を起こして半年後から一年間警察に尾行されたのです。その間に「声掛け事案」がひとつも確認できないということは、およそあり得ないことと言わなくてはなりません。

しかし、三件は同一犯人によるものと考えられ（その判断自体は合理的といえるでしょう）、菅家さんが真実ちゃん事件の犯人であることが間違いないと考えられたために、当然のように、万弥ちゃん事件と有美ちゃん事件の犯人も菅家さんと考えられ、菅家さんはこの二つの事件についても追及されて自白したのです。

実際、菅家さんは、真実ちゃん事件で一九九一年一二月二一日に起訴された三日後の一二月二四日、万弥ちゃん事件で再逮捕されました。しかし、検察官は、翌九二年一月一五日、菅家さんの自白を裏付ける証拠がないとして、万弥ちゃん事件での起訴を断念し、警察は、当初予定していた有美ちゃん事件での再再逮捕を見送らざるを得ず、書類送検しただけでした。菅家さんは、それが事実とすれば、死刑になったに違いない二つの事件でも自白したのに、検察官は、二つの事件の自白は信用できないとして立件できなかったのです。

菅家さんが万弥ちゃん事件でも起訴されたとしたら、真実ちゃんを殺したと公判廷でも自白した菅家さんは、万弥ちゃん事件も公判廷で自白した可能性が大いにあります。そして、菅家さんが有罪とされた場合（その可能性が高いと思います）、菅家さんに下された判決は、間違いなく、死刑です。そのとき、たとえ真実ちゃん事件が無罪とされても、一一年前の事件で確かな証拠が失われている万弥ちゃん事件は依然有罪のままだったかも知れません。あるいは、万弥ちゃん事件について有力な無罪証拠を提出できない場合には、真実ちゃん事件のDNA再鑑定が命じられることもなく、菅家さんは「死刑判決」を執行されていたことも大いに考えられます。いわんや菅家さんが有美ちゃん事件も逮捕・起訴されていたとしたらと考えると、慄然《りつぜん》とせざるを得ません。

ところで、被疑者とされた人が不起訴になった場合には、その理由を求めることができます（刑訴法二五九条）。そこで、私たちは、再審請求段階になってからでしたが、検察官に万弥ちゃん事件と有美ちゃん事件の不起訴理由を明らかにするように求めました。すると、その理由は、「嫌疑不十分」というものでした。

検察官が不起訴にする理由のひとつに「起訴猶予」がありますが、万弥ちゃん事件と有美ちゃん事件は、それぞれ重大事件ですので、「起訴猶予」ということはあり得ません。不起訴理由は、「嫌疑なし」か「嫌疑不十分」しか考えられなかったのですが、検察官も、二つの事件での菅家さんの自白は疑わしいと考えざるを得なかったのです。

そうだとすれば、既に起訴済みだったとはいえ、真実ちゃん事件の菅家さんの自白も信用できないのではないかと考えるべきものでした。しかし、弁護人を含め、誰もそう考えなかったのです。

何故か。科警研のDNA鑑定によって菅家さんが真実ちゃん事件の犯人であることは疑いないとされていたからです。

疑惑だらけの「精神鑑定」

菅家さんは小児性愛者ではありませんでした。

しかし、菅家さんの裁判で、弁護人の請求によって裁判所が命じた精神鑑定で、福島章・上智大学教授（当時）は、菅家さんを「代償性小児性愛者」と鑑定しました。「代償性」とは、「真性」つまり「本物」ではない、成人女性の代用として、という意味です。福島教授は、菅家さんが本物の小児性愛者ではないことを認めながら、なお、本件の犯人であるとして、つぎのように菅家さんの「犯行動機」を鑑定しました。

《被告人は、その恵まれない知能と性格のために、またかつての結婚生活で性交に失敗した体験のために（入籍はしていないが、菅家氏はかつて一人の女性と事実上の結婚生活を始めながらもうまくいかず、約三か月後に相手の女性から離婚宣告を受けた経験があった）、性対象としての成人女性に接近することが困難な精神状態にあり、その結果、その代償として小児に性的関心を抱き、これに性的に接近するようになっていた。すなわち、被告人は「代償性小児性愛」というべき性的倒錯の状態にあった。
本件犯行は、上記のような小児性愛を動機として行われたものである》

しかし、これは、菅家さんが本物の（真性の）小児性愛者ではないことを前提に、菅家さんが犯人だったとすれば、「代償性」の小児性愛者だった場合にしか犯行動機はないと「説明」しただけのことで、菅家さんが「代償性」小児性愛者としての性的倒錯の状態にあったことをデータに基づいて示したものではありませんでした。私が弁護した大学生も「代償性」小児性愛者でしたが、しかし、その場合でも、一時的に性的「倒錯」状態に陥るのであって、菅家さんのように、都合よく、犯行時だけ小児性愛者だったというものではありません。

福島教授は、控訴審で証言台に立ち、「自分の鑑定は、菅家さんが本件の犯人であることを前提としたものであり、菅家さんが犯人かどうか鑑定したものではない」と証言しました。しかし、同時に、「菅家さんは、幼稚園児を可愛がっていたから、小児性愛者としての傾向は認められる」とも証言し、菅家さんが有罪であることを強く示唆したことも事実です。福島教授は、精神医学の権威者として著名な方ですが、足利事件における福島教授の精神「鑑定」が果たして「鑑定」の名に値するものだったのかも大いに疑問だと思います。福島教授は、菅家さんと三回面談（問診）していますが、三回も面談しながら、菅家さんが「代償性」小児性愛者でさえないことを見抜けなかったのです。

しかし、福島教授の精神鑑定が菅家さんの有罪を前提としたものだったことから、私たち弁護団は、福島鑑定の「代償性」小児性愛者という鑑定は、菅家さんが「真性」小児性愛者ではないことを認めたものであるとして、それ以上問題にしませんでした。

私たちは、むしろ、福島教授が菅家さんとの問診の際に、テープ録音していたことに着目しました。そして、福島鑑定書にはその問答の要旨しか記載されていなかったので、そのテープの提出を求めました。しかし福島教授はこれを拒み、裁判所（東京高裁）も問診テープの提出を命じませんでした。現在、取調べの可視化が説かれ、裁判所も強くその実現を求めています。そして、菅家さんの警察署や検察庁での取調べのテープが存在しないとされていたため、福島教授の問診テープは、菅家さんの自白が虚偽であることを示す最重要の証拠であるとして、裁判所に提出を求めたのですが、裁判所は、これを命じなかったのです。

そこで、私たちは、医師として菅家さんを診断した福島教授に対し、問診テープその他の資料を診察データとして開示するよう、民事裁判を東京地方裁判所に提起しました。しかし、驚くべきことに、福島教授は、問診テープはすでに廃棄したと主張し、東京地裁は、「福島教授には、問診テープを開示する義務はなく、テープを廃棄したことも不法行為に該当しない」として、予備的に請求した慰謝料請求を含め、棄却したのです（二〇〇七年五月二八日。秋吉仁美裁判長）。東京高裁も同様でした（二〇〇七年一〇月三一日。富越和厚裁判長）。

少なくとも私たちが控訴審で福島問診テープの重要性を指摘した時点では、テープは福島教授の手元にありました。裁判所が「取調べの可視化」の観点に立って、その提出を福島教授に命じていれば、菅家さんの真実ちゃん事件の自白が虚偽であることをもっと早く知ることができたのではないかと思うと、それを命じなかった裁判所の責任は大きいと思います。

また、菅家さんの無実が明らかになった今、菅家さんの肉声の「自白」を録音した福島問診テープが足利事件を検証するうえで何ものにも代え難い証拠であることは、誰の目にも明らかです。その意味で、福島教授の行為を不問に付した東京地方裁判所の判断にも大いに問題があったといわざるを得ません。

警察に作り直された「万弥ちゃん事件」

ところで、万弥ちゃん事件でも菅家さんが起訴される危険性は大いにありました。というのも、警察は、菅家さんの自白に合わせて万弥ちゃん事件を作り直そうとしたことが明らかになっているからです。

万弥ちゃん事件を菅家さんが「自白」するまでの一一年間は、事件当日の午後二時半頃が万弥ちゃんが最後に目撃された時刻とされていました。万弥ちゃんの自宅がある八雲神社の近くの食堂で働く男性が「正午から午後一時までの昼食時を回った午後一時過ぎに出前の電話を受け、注文を届けて店に戻った午後二時半頃、店の前で、万弥ちゃんが同い年くらいの男の子と渡良瀬川のほうへと駆けていったのを見た」と供述していたのです。

男性は、「万弥ちゃんの自宅や祖父母の家に出前に行くこともよくあり、万弥ちゃんは自分になついていた、事件の前日にも万弥ちゃんを見ていて、見間違えることはない」と供述していました。そして、万弥ちゃんを見た時刻についても、出前の伝票が存在し、しっかりと裏付けが取れていたのです。

しかし、その日(一九七九年八月三日)は、金曜日で、平日でした。そして、菅家さんは、皆勤で、その日も当時勤めていたB保育園に出勤していたことは動かし難い事実でした。そこで、菅家さんに可能な犯行時刻は、自宅に戻って食事をした一二時から午後一時までの昼休みしかなかったのです。そこで、菅家さんは、当日、一二時まで仕事をして、(何故かその日に限って)自宅に戻らずに、自転車で八雲神社に向かい、神社の近くで万弥ちゃんを見掛けて、万弥ちゃんを自転車に乗せ、近くの墓地で万弥ちゃんの首を絞めて殺し、死体を枯れ葉で隠して墓地に置いたと「自白」したのです。

万弥ちゃんの死体がリュックサックに詰められて渡良瀬川の河川敷で発見されたことについては、当日午後四時の勤務終了後、八雲神社の近くのゴミ箱にリュックサックが捨てられているのを拾って、それに万弥ちゃんの死体を詰め、自転車の後部座席に万弥ちゃんの死体を乗せて、渡良瀬川の河川敷まで運び、遺棄した、と「自白」しました。何のためにそのようなことをしなくてはならないのかまったく分からない荒唐無稽《むけい》の自白ですが、ここでの問題はそのことではありません。菅家さんの自白では、万弥ちゃんを午後二時半頃に目撃したという男性の供述と矛盾するのです。

そこで、警察は、男性に「午後二時半頃に万弥ちゃんを見たというのは勘違いだったのではないか」と迫り、供述の訂正を求めました。菅家さんが万弥ちゃんを殺したことを「自白」し、自分の供述がそれと矛盾していることを聞かされた男性は、警察の望むとおり、供述を変更して、調書に署名・捺印《なついん》しました。そして、検察官も、警察のこのような行為を黙認したのです。

警察が万弥ちゃん事件を菅家さんの自白に合わせて作り直そうとしたことは、その後男性が勇気を振るって、真実を明らかにして下さったことから分かったのですが、検察官が、万弥ちゃん事件を起訴できなかったのは、警察による証拠の捏造《ねつぞう》が明らかになると、真実ちゃんの事件にまで影響が及ぶことを懸念したためだったのかも知れません。

ともあれ、菅家さんが万弥ちゃんを殺すことは時間的に不可能でした。したがって、菅家さんの万弥ちゃん事件の自白は、明らかに虚偽であり、検察官もそのことを認めざるを得なかったのです。

有美ちゃん事件についても、菅家さんが自白し、警察が事件を検察官に送致したことは間違いありませんが、検察官がどのように考えて立件を断念したのか理由は明らかになっていません。しかし、有美ちゃん事件の菅家さんの自白も、万弥ちゃん事件の場合と同じく、客観的事実に反していたからだと思います。

こうして、菅家さんが、一件でも死刑になる可能性がある重大事件で、検察官も虚偽と認めざるを得ない自白を二件も行ったという事実は、真実ちゃん事件における菅家さんの自白の信用性についても疑念を抱かせる重要な事実といわなくてはなりません。

そこで、私たちは、菅家さんの了解を得て、控訴審段階から、何度も、検察官に菅家さんの二件の自白調書を開示するように要求し、裁判所にもそれを命じるよう求めてきました。しかし、検察官は、二件の事件は真実ちゃん事件と無関係であると主張して開示を拒み、裁判所も、検察官の主張を認めて、二件の自白調書の開示を命じようとしなかったのです。

証拠を捏造してまで菅家さんを有罪にしようとした警察やこれを黙認した検察にはもはや期待することはできません。しかし、無実の人にとって、最後の救いの場であるはずの裁判所が、菅家さんが二つの事件で虚偽の自白をしたことを直視しようとしなかったことは、厳しく責められるべきだと思います。

「知的障害」と虚偽の自白

ところで、菅家さんは、学校の成績が良くありませんでした。五段階評価の一と二が目立ち、三がときどきあるだけでした。家族の中でも「勉強のできない子供」と言われてきたのだそうです。菅家さんは中学を卒業して就職しました。

菅家さんを足利警察署に任意同行した警察官も、菅家さんのことを「知的能力が劣っている男」と思っていたことは疑いありません。実際、菅家さんは、取調べに当たった警察官から「馬鹿ヅラをしているな」と言われたことを今でも鮮明に覚えています。

菅家さんの精神鑑定を行った福島章教授は、菅家さんの知能検査をし、菅家さんの知能指数は七七で、「精神薄弱と正常の境界域」と判定しています。知的障害者の約八割が「軽度の知的障害」とされ、その知能指数は五〇～七〇、知的障害者とは認定されない「精神薄弱境界域」の人の知能指数は七〇～八五とされていますので、福島教授のこの判定自体は誤りではありません。

しかし、私は、菅家さんの釈放後、菅家さんと一緒に生活してみて、菅家さんの知能指数が七七で精神薄弱境界域であるとは到底思えません。菅家さんは、小学校の先生から「菅家は勉強すれば、できるようになる」と言われたそうですが、本当にそうで、菅家さんは、自分は頭が悪いと思い込まされてきたように思います。

しかし、菅家さんが任意同行された当時、菅家さんは、自分でも「頭が悪いし、人と議論できるはずがない」と思っていました。実際、菅家さんは、女性にも簡単に言い負かされる気の弱い人でした。

こうして菅家さんが自分でも知的に劣っていると思い込んでいたことが、虚偽の自白を生んだ素地のひとつだったことは確かだと思います。私自身、菅家さんが釈放されるまで、「菅家さんの知能指数が七七で、精神薄弱と正常の境界域だったこと」を菅家さんの虚偽自白の理由として挙げてきました。しかし、釈放後、菅家さんと日常的に接するうちに、菅家さんの知的能力を過小評価してきたことに気付きました。

釈放後の菅家さんにインタビューした報道機関が、菅家さんの知的能力に関してコメントしないことから、私が「報道規制」しているのではないかと推測した人がいます。しかし、菅家さんと直接会ってみると、誰もが菅家さんが精神薄弱などとはとても思えないことに気付き、菅家さんの知的能力についてコメントする人はいなくなったというのが実際なのです。

菅家さん自身、「刑務所では、人と知的刺激を受ける会話をすることがまったくなく、自分の脳は眠ったままだったが、釈放されて新しい世界が開け、脳が目覚めたような気がする」と言っていますが、本当にそうだと思います。

そこで、実際の菅家さんとは離れてあくまでも一般論としてですが、知的障害者や精神薄弱境界域の人が誤って犯人とされる可能性は、一般的に考えられているよりはるかに高いことを知っておく必要があります。私が弁護人の一人だった島田事件のAさんも軽度の知的障害者でした。また、精神薄弱境界域の人の中には一定の資格や運転免許を持っていて（菅家さんも大型免許や自動二輪の免許を持っていました）、普通の社会生活を送っている場合も少なくありません。

そこで、それなりの判断ができるものと考えられる一方、追い詰められると、どのように対処していいのか分からず、捜査官に迎合して嘘の自白をしてしまい、「窮地」を脱したつもりになって、実際にはもはや取り返しの付かない場所に立ってしまったという人も多いのです。

そこで、諸外国のように、被疑者の取調べには必ず弁護人を同席させるべきだと思いますが（弁護人立会権の承認）、少なくとも少年や知的障害のある人の取調べには必ず保護者を同席させなくてはならないという制度をすみやかに実現する必要があると思います。

ところが、弁護人や裁判官にもこのことが十分に理解されていません。島田事件で、Aさんは、「警察官に虚偽の供述を無理強いされた」と訴えていました。しかし、裁判所は、

「被告人には軽度の知能障害があり、精神病の前歴も認められるが、捜査段階の自白には信用性があり、公判でのアリバイを含む無実の主張には信用性がない」と、これを退けました。

警察や検察が知的障害のある人を故意に狙うことはむろんないでしょう。しかし、そのような人は、擁護してくれる人が少ないだけでなく、抵抗力が弱く、虚偽の自白をしてしまう危険が大きいのです。そして、一旦《いったん》自白してしまうと、これを覆すことが難しく、そのような人は家族からさえ見捨てられていることがあり、一般の人よりもはるかに冤罪《えんざい》の犠牲者になる危険性が高いのです。

そして、菅家さんの場合も、まさにそのようなケースだったということができます。

「無実の証拠」を発見

菅家さんの弁護人になった私は、事件の記録を謄写し、記録を読むことから始めました。当時一緒に野村證券社員の詐欺事件の弁護に従事していた神山啓史弁護士のほか二名の弁護士が弁護団に加わりました。

二週間先に迫っていた控訴趣意書の提出期限を六か月延ばしてほしいと裁判所に申請し

ましたが、裁判所には一二月一四日までの三か月しか認めてもらえませんでした。そこで、年末の押し詰まった時期に、懸命に事実を調査して、控訴趣意書を書きあげました。

控訴趣意書で指摘した問題点は、章を改めてご説明しますが、私たちが「これが菅家さんの無実の証拠だ！」と驚喜したのは、スーパーマーケット（山清フードセンター）に残されていたレシートを発見したときのことでした。

菅家さんの自白によれば、菅家さんは、真実ちゃんを殺していたずらしたあと、遅くとも午後七時四五分ころにスーパーに立ち寄ってその日の夕食を買ったことになっています。借家には冷蔵庫も調理器具もなかったので、菅家さんは、その日スーパーに立ち寄らなければ、夕食をとることができません。つまり、菅家さんが借家に行く前にスーパーに立ち寄ったというのはごく自然のことです。

そこで、警察は、自白の裏付けとして、菅家さんが夕食を買ったことを示すスーパーのレシートを手に入れようとしました。菅家さんは、コーヒーが大好物で、食事時や朝食時には必ず缶コーヒーを買うのが習慣でした。そこで、菅家さんは、自白で「缶コーヒー数缶とおにぎりなどとお惣菜《そうざい》を買った。総額は千円以内だと思う」と供述したのです。スーパーの閉店時刻は午後八時でした。土曜日の閉店間際のお客はそう多くありませんでした。

しかし店の三台のレジのレシートの控えを警察がいくら探しても、自白に符合するものは発見できませんでした。

ところが、菅家さんが一審の弁護人に宛てた手紙には、「事件当日は土曜日で、午後一時半頃実家に帰り、午後二時半頃実家を出て自転車で借家に向かった。パチンコ店には行っていない。三時過ぎにスーパーに寄って買い物し、午後三時半頃借家に着いて、以後外には出ていない」とありました（本書七七頁参照）。

私と神山弁護士は、足利のスーパーに赴き、オーナーの妹さんから事情を聞きました。それによると、警察は、事件当日の昼間のレシートの控えは見ていないこと、夜のレシートの控えも用済みとのことで戻してきたというのです。そこで、ロールになったレシートの控えを一本一本見ていきましたが、夜のレシートには該当するものがなく、午後三時二分に発行されたレシートにつぎの記載があったのです。

「果物二〇〇円、菓子飲料二五〇円、二八八円、九五円×二」（合計九二八円）

スーパーの値段の端数は、八が多く、五は珍しいということもそのとき教えてもらいましたが、通常価格一〇〇円の缶コーヒーは九五円なのだそうで、時刻が午後三時二分で、総額が九二八円であることから、このレシートに菅家利和とは書かれていませんが、これは間違いなく、菅家さんの買い物だと私たちには思えました。スーパーは当時日曜日は定休日で、土曜日の午後ともなると、翌週分の買い物をする人がほとんどで、総額一〇〇〇円以下の買い物は珍しいということも私たちの推測を支持するものでした。

それにオーナーの妹さんは、私たちの調査目的が菅家さんの無実を証明することであることを知ったうえで、実に協力的で、「その日の夜、三台のレジのうち一台を担当していたのは自分だが、直前に草むらに入り込んで犯罪を犯してきたような人物は見掛けなかった」とはっきり述べて頂いたことも私たちを勇気づけました。

自白の信用性の判断基準に「秘密の暴露」があることはご存知だと思います。警察が知らない客観的事実が自白に現れていれば、それは犯人しか知らないことですので、その自白は信用できると考えられます。菅家さんは、スーパーにレシートの控えが残されていることを知らないで、一審弁護人に、事件当日はパチンコ店に寄らないで午後三時過ぎにスーパーで買い物をしたと書いていました。菅家さんの自白には裏付けがなく、一方、菅家さんの否認供述には「秘密の暴露」があったのです。私たちが、菅家さんの無実は客観的にも証明できると確信した瞬間でした。

しかし、まさか、それから一五年以上掛かるとは思いもしなかったのです。

予算獲得のために犯人にされた

足利事件のＤＮＡ鑑定については、あとで改めて触れますが、私が控訴審で菅家さんの弁護人になったとき、私が足利事件のＤＮＡ鑑定についてどのように考えていたのかをここでご説明します。

菅家さんが真実ちゃん事件が発生した六か月後の一九九〇年一一月から尾行されたことは既に触れました。そして、事件から一年を経た一九九一年五月一二日になっても捜査は思うように進展していませんでした。そうした中の一九九一年六月二三日、警察は、借家から出てきた菅家さんが捨てたゴミ袋を押収し、そこに精液臭のするティッシュ・ペーパーを発見したのです。

ＤＮＡ鑑定は、一九八五年にイギリスでアレック・ジェフリーズという分子遺伝学者が開発した捜査手法で、本件が発生した一九九〇年五月の時点では、ＤＮＡ鑑定は、わが国の犯罪捜査で未《いま》だ用いられていませんでした。そのため、真実ちゃんの半袖下着から採取された犯人の精液は、犯人の血液型を鑑定するために用いられたのです。その結果、犯人の血液型がＢ型の分泌型であると分かったのでした。

ところが一九九一年になって警察庁の付属機関である科学警察研究所（科警研）がＤＮＡ鑑定の研究を行っていることが報じられ、五月には警察庁がＤＮＡ鑑定機器の予算要求を行うことを決めました。そこで、菅家さんの精液を入手した捜査本部は、犯人の精液が付着した半袖下着のＤＮＡ鑑定を思い付いたのです。ＤＮＡ鑑定は、捜査本部にとって窮余の一策でした。

そして、捜査本部から八月二一日に正式に科警研にＤＮＡ鑑定が依頼され、科警研は、一一月二五日、犯人と菅家さんのＭＣＴ一一八というＤＮＡ型が一致するという鑑定書を完成させました。

これが菅家さんの運命を変えた科警研のＤＮＡ鑑定です。

当時、警察庁は、ＤＮＡ鑑定の導入のための予算措置を目論《もくろ》んでいましたが、足利事件のＤＮＡ鑑定をそのためにも利用しようと考えました。

菅家さんが任意同行された一九九一年一二月一日、読売新聞の一面トップには「幼女殺害容疑者浮かぶ、足利」「四十五歳の元運転手、ＤＮＡ鑑定で一致」という見出しが躍りました。私たちが「ＤＮＡ鑑定」という文字を最初に見たのはこの時だと思います。私もそうでした。ただし、これが読売新聞のスクープではなかったことは、同じ日の朝日新聞と毎日新聞の別の紙面に同じ記事が掲載されたことからも分かります。読売新聞が大きく取り上げただけのことでした。

しかし、この新聞報道によって、地元足利は騒然となっただけでなく、菅家さんの任意同行に向かった警察官にとっても予想外の事態となったのです。菅家さんを任意同行して取り調べようとした警察官は、当日朝、そのことが新聞報道されるとは知りませんでした。DNA鑑定によって菅家さんに逮捕状が出たわけではないのです。

菅家さんがその日のうちに自白しなければ、帰宅させるほかなかったことは、取調べ警察官が、控訴審で証言しました。

つまり、DNA鑑定導入のための予算措置を目論んでいた警察庁が、科警研のDNA鑑定が決め手になって菅家さんの任意同行を決めたことを中央紙にリークしたために、菅家さんの取調べに当たった警察官には「菅家さんからその日のうちに何としても自白を得なければならない」という重圧が掛かったのです。実際、菅家さんが警察署で取り調べられている窓越しの様子がテレビカメラで放送されました。こうして、警察にとっても、菅家さんが自白しないうちは帰せない状態で、「取調べ」が開始されたのです。

それは、菅家さんが「落ちる」ことだけを目的とした「取調べ」でした。

科警研のDNA鑑定が、警察庁のリークによって、「悪魔の鑑定」に変貌《へんぼう》してしまったのです。

そして、翌一二月二日の読売新聞一面トップには「足利の幼女殺害、元保育園運転手を逮捕、DNA一致で自供」という見出しが躍り、その他の各紙も同様でした。「否認突き崩した科学の力」（下野新聞）、「スゴ腕DNA鑑定、一〇〇万人から一人を絞り込む能力」（朝日新聞）というDNA鑑定礼賛の記事で埋め尽くされました。こうして、私たちがのちに「DNA鑑定神話」と名付けた一種のマインドコントロール状態が出現しました。警察庁が目論んだように、DNA鑑定機器の予算措置が補正予算として警察庁の要求どおり満額認められ、翌年から各県警がその配備を進めていきました。

足利事件のDNA鑑定は、こうして、わが国のDNA鑑定の幕開けを象徴する画期的な科学鑑定として登場したのです。

科警研のDNA鑑定の証拠価値

わが国のDNA鑑定導入に当たってスポークスマンとしての役割を果たした岡田薫・警察庁鑑識課長（当時。のちの警視庁副総監）は、足利事件のDNA鑑定が菅家さん逮捕の

「決め手」になったと書きました（「DNA型鑑定の現状と展望」『講座日本の警察』第二巻など）。

しかし、科警研のDNA鑑定は、もともと足利事件の「決め手」になるような鑑定ではありませんでした。何故なら、足利事件のDNA鑑定は、血液型（B型の分泌型）にDNA型（MCT一一八型で一六―二六）を組み合わせたものでしたが、B型の出現頻度は二二・一%、B型の分泌型の出現頻度は六七・八%、MCT一一八型の一六―二六の出現頻度は〇・八三%で、これを掛け合わせると、〇・一二四四%、すなわち、一〇〇〇人に一・二人という数字が得られます。そして、これが足利事件のDNA鑑定書に書かれていた数字だったのです。

一〇〇〇人に一・二人とは八三三人に一人ということを意味します。事件当時、足利市の男性は八万二七八八人でした。そこで、性犯罪が可能な年齢の男性をその半数の四万一三九四人と仮定して、犯人と同じ血液型とDNA型の「該当者」は、足利市内に約五〇人存在することになります。真実ちゃんが行方不明になったパチンコ店は、国道二九三号線に近い場所で、足利市周辺からの来店者の多い店でした。そこで、足利市周辺の佐野《さの》市、桐生《きりゅう》市、館林《たてばやし》市、太田《おおた》市、田沼町《たぬままち》（当時）の「該当者」を加えると、その数は、約一三六人にもなります。

菅家さんは、足利市だけで約五〇人、周辺を含めると約一三六人の「該当者」の一人に過ぎなかったのです。「一〇〇万人から一人が絞り込まれた」のではありません。

そして、この出現頻度は、科警研がMCT一一八型のサンプルを集めるに従って、どんどん高くなっていったのです。一〇〇〇人当たりの割合も一・二人（八三三人に一人）から、二・五人（四〇〇人に一人）、五・四人（一八五人に一人）、六・二三人（一六一人に一人）に増えていきました。これを足利市の「該当者」でみると、約五〇人から約一〇三人、約二二四人、約二五七人に増えていったことを意味します。足利市周辺を含めると「該当者」は、約一三六人から約二八三人、約六一二人、約七〇六人と増えていきました。

要するに、菅家さんと同じ血液型とDNA型の人物は、科警研のDNA鑑定によっても、当初でも、足利市内だけで約五〇人、周辺を含めれば約一三六人いたのですが、その数は次第に増えていき、最後にはその約五倍になり、足利市内だけで約二五七人、周辺を含めれば約七〇六人に増えていったのです。

同じ血液型とDNA型を持った人物が周りに二五〇人（あるいは七〇〇人）もいるという「鑑定」が「決め手」であるはずがありません。しかし、DNA鑑定神話とともに登場した足利事件のＤＮＡ鑑定の威力を、誰もがほとんど決定的なものと思い込んだのです。

菅家さんを虚偽の自白に追い込んだ責任が、誰よりも取調べ警察官や検察官にあることは言うまでもありません。しかし、同時に、足利事件という栃木県警の威信を懸けた事件で、最後の被疑者だった菅家さんの取調べを命じられたベテラン刑事（それも複数）を狂わせたものが科警研のＤＮＡ鑑定だったことも疑いありません。検察官もそれを正すことができませんでした。

ところが、足利事件のＤＮＡ鑑定は、鑑定書自体が示す数字に照らしても、もともと「決め手」となるようなものではありませんでした。しかし、恐るべきことに、そのことに気付いていた人はほとんどいなかったのです。

足利事件の悲劇は、こうして生まれました。

菅家利和

第三章　私はやっていない！獄中から家族に宛てた手紙

家族にだけは信じてほしい

自分がやったといえば、それで楽になれる。

つらい取り調べを受けているうちに、私はそう思って犯行を認めてしまったわけですが、その後もつらく苦しい日々はずっと続きました。

毎日毎日、取り調べが続いたのです。そのうち私は、自分がどういう状況にあって、何を話しているのかもよく分からないような感じになっていきました。

私はもうひとつの幼女誘拐殺人事件でも再逮捕されましたので、九一年一二月一日から九二年一月一五日まで四六日間も取り調べられました。

朝から晩まで、ろくに眠れないまま取り調べをされていたのでは体がもちません。

いつ頃からか私は、できるだけ早く取り調べを終わってもらえるようにとばかり願うようになっていました。それで私は、なんとか納得してもらおうと思い、身に覚えのない事件について話をつくって、それを自供しました。

私が逮捕されて二週間後、父が亡くなりました。

父はそれまで元気でした。私がこんなことになってしまったことと無関係ではなかったと思っています。父は本当に私が犯人だと思っていたのかもしれません。母や兄や妹、親《しん》戚《せき》たちにしてもそうです。そういうことを考えると、本当に悲しくなりました。

ほかの人たちにはどう思われたとしても、家族にだけは本当のことを知ってほしいと思いました。

それで私は手紙を書きました。

裁判のなかで、自分は本当は無実なんだということを訴えたのは第六回公判（一九九二年一二月二二日）がはじめてですので、逮捕されてから一年も経っていたことになります。しかし、逮捕の五八日後から書き始めた、家族に宛てた手紙には本当のことを書いて、自分の無実を信じてほしいと訴えたのです。

逮捕されてからはずっと「代用監獄」と呼ばれる足利警察署の留置場に入れられていましたが、四六日間の取り調べのあと、宇都宮拘置所に移されました（一九九二年一月二二日）。最初の手紙を書いたのはそのあとのことです。

その手紙が残っているそうなので、ここであらためて掲載させてもらいます（編集部注・句読点を補充し、注意書きを加え、一部を略したほかは原文のママ）。

迷惑かけてすみません

【一通目の手紙　一九九二年一月二七日】

《拝敬　利和です。家の人達はみんな元気ですか。それから親父が亡くなったそうですが、この事を警察の人からききましたが、その時はとてもしんじられませんでした。今でもそういう気持ちです。話しは変りますが、私しは一月二十二日の朝、足利警察署を出て、今は宇都宮市の県庁近くの拘置所にいます。毎日つらいです。ほんとうにごめんなさい。めいわくばかりかけてすみません。自分はほんとうの所、なにもわかりません。これから先は仕事を一生懸命にして、家の人達に安心させていきます。

南大町（実兄）にも、水戸（実弟）にもめいわくかけてすいませんでした。それから免許書をしまっておいて下さい。一月二十一日に警察に兄貴がタバコを入れてくれたのですが、そのタバコは必要がないのでかえしてくれる事になっています。ゆくことがありましたらうけとって下さい。宇都宮の拘置所ではタバコはすえませんのでつらいです。

私しは早くみんなにあいたい。三人（甥《おい》たち）とも学校の方はだいじょうぶですか。どうもきになってしかたがありませんでした。

ほんとうにみんなにめいわくかけてわるかったです。ごめんなさい。それから大町も永楽町（ともに知人）も元気ですか。私は手紙を書いていないとさびしいのです。とてもつらいです。外の事がわからない。

外の空気もすいたい、早く外に出たいと思うのです。毎日早く外に出たいと思っているのです。

どうしてこんな事になってしまったのかわかりません。

みんな、私しをしんじていますよね。それから○○（妹）は○○（勤務先）にいっていると思いますが、○○（姪《めい》）や○○（姪）にもたいへんめいわくかけてすみません。近所の人にも親籍中のみんなにめいわくかけました。でも、私しをしんじて下さい。私は皆んなに早くあいたいのです。そしたら一から出直ししたいのです。今までのことを取りか願張りたいのです。そして皆んなに安心してもらいたいのです。私しは仕事にもかえすつもりで願張りたいのです。そして私しはこれから先は親孝行をしていくつもりです。親父の分までお袋に親孝行をして行きます。

親父が亡くなった事は残念です。しに目にあえなかったことも悲常に残念でした。
でも、私しは親父の分までがんばって見せます。
また手紙を出します。みんな元気でね。
利和より》

手紙を書いたことがほとんどなかったので、頑張って書いたことを覚えています。この手紙で私は、これから先は一生懸命仕事をして、家族のみんなを安心させたいとも書いていますが、この後、一七年半も獄中で過ごすことになるとは思ってもみませんでした。

警察には、自分がやったと話しても、裁判官なら「それが本当のことではない」とちゃんと分かってくれると思っていたからです。

母は今から二年前に亡くなりましたが、結局、逮捕されてから一度も会えませんでした。兄貴がタバコを入れてくれたと書いていますが、差し入れをしてくれたのです。兄がはじめて面会に来てくれたのは四月頃のことです。この段階ではまだ、兄もやはり私を犯人だと思っていたのかもしれません。

手紙はその後、あいだを空けずに書いています。家族を安心させたいという気持ちが強く、手紙を書くほかにできることはなかったからです。

ところが、いくら手紙を書いても返事をもらえず、家族のみんなは本当に自分を信じてくれているのだろうかと不安になってきました。家族にさえも自分が犯人と疑われているのだとしたら、自分の味方は誰もいなくなってしまうからです。暗闇でした。自分の気持ちを訴えたくて、何通も何通も書きました。

あとで知ったことですが、母は警察官や検察官に対し、被害者の真実ちゃんのご遺族のことなども考えて、私が死刑になってしまえばいいと供述したのだそうです。そして、その後も結局、私に会いにきてくれることはありませんでした。

しかし、表向きはそんなふうにしていた母も、いつからか、私の無罪を信じてくれていたようです。そのことは、私の支援グループ（「菅家さんを支える会・栃木」）の代表になってくれた西巻糸子さんからも聞きました。

だからこそ私は、晴れて無罪の身になって、母と再会できなかったことが悔しくて悔しくてたまらないのです。

兄がはじめて面会に来てくれたのは、十通目の手紙を出したあとだったと思います。そのときには泣いてしまいました。兄は、弁護士の先生にお願いしているから大丈夫だと言ってくれました。その弁護士というのは、一審を担当してくれた梅澤錦治弁護士のことです。

ただ、梅澤弁護士は、最初から私を犯人だと考えていたようで、どういうふうに話をすればいいのかがわからず、最後の最後まで自分が無実だということをきちんと聞いてもらえなかったのです。

殺人などしていません

このあとの手紙は、兄に宛てて書いたものです。

【一三通目の手紙　一九九二年一二月四日】

《俺はもうこうゆう生活はいやでなりません。

無実をはらすことができればいいのですが、どうしたらいいか、わかりません。

俺は、自分がしらない間に、犯人にされてしまったのです。ＤＮＡ鑑定で、俺が犯人だといわれました。だけど、俺は殺人などしていない。渡良瀬川には行っていないのです。警察はまちがっています》

【一四通目の手紙　一九九二年一二月七日】

《この一年は、長かった。本当に長かった。もう気が遠くなりました。無実の人間が、裁判に掛けられる気持ちが、どんなものかわかって下さい。俺は、本当にくやしい思いです。早くうたがいを晴らしてもらいたいものです。ＤＮＡ鑑定は、ちがっているんです。俺は、犯人ではありません。子供なんか、殺していません。殺人などしていません。身内の人に、うそなどついていません。うたがいが晴れて早く実家に帰りたい。皆んなに早くあいたい。家に帰る日までまっていて下さい。それから年賀状を出します。お袋、おやじの分まで長生きして下さい。これで皆んな元気で。また手紙出します》

全面否認、そして否認の撤回

無実でありながら逮捕されてから一年のあいだに、私は一四通の手紙を書きました。同じようなことばかり繰り返して書いていると思われるかもしれませんが、この頃の私は、とにかく自分の無実を信じてもらいたいと必死だったのです。

足利警察署の留置場、宇都宮拘置所、東京拘置所で一年間を過ごすなどということは想像もしていなかったことです。

この後、兄は、私が書いた手紙を梅澤弁護士に届けたそうです。それでその後に開かれた第六回公判（一二月二二日）で、梅澤弁護士から「家族に宛てた手紙に無実だと書いているのはどういうことですか？」と質問されました。

そのときの裁判ではうまく答えられませんでしたが、はじめて犯行を否認しました。

しかし、その直後、私はまた認めてしまいました。

公判のあと、梅澤弁護士が接見に来て、「本当はやりました」という内容の上申書を出すように言われたからです。

梅澤弁護士がどういうつもりでそう言ったのかはわかりません。いまから考えれば、梅澤弁護士は私が犯人だと思っていたので、無罪にするのではなく、情状酌量でできるだけ刑を軽くしようとしていたのだと思います。

そこで、途中でやっていないと言われてしまうと、弁護を続けられないということだったのかもしれません。

私は、梅澤弁護士に見捨てられると誰も味方がいなくなると思っていました。

それで、「すみません」と謝って、梅澤弁護士に言われたように〝家族に無実を訴える手紙を書いたのは心配させたくなかったからです。申し訳ありませんでした〟という内容の上申書を書いたのです。

「事件の日」の真実

こうして、第七回公判（一九九三年一月二八日）には再び犯行を認めてしまいました。

その後、第八回公判（三月一一日）に検察官の論告求刑、第九回公判（三月二五日）に弁護人の弁論がなされ、六月には判決が下されることになりました。

その直前に、今度は梅澤弁護士に宛てて手紙を書きました。

このままでは本当にそのまま犯人にされてしまうのが分かったので、なんとか助けてほしかったからです。

【一審を担当した弁護士に宛てた手紙　一九九三年五月三一日】

《拝啓　こんにちは、梅沢先生、奥沢先生、お元気ですか。

菅家利和です。実は事件の事でお話をきいて下さい。実は私は事件をおこしておりませんでした。実は私は松田真実ちゃんを殺してはいません。本当に殺してはいません。今までは殺ったと言いました。そして上申書も裁判所に出した事もありました。でも、私は殺っていません。今になって、すみません。梅沢先生、どうか私を助けて下さい。お願いいたします。この先もどうか梅沢先生お願いいたします。私は殺っていない事を殺ったとゆうのはもうがまんができませんでした。梅沢先生、すみません。判決も近いのに、ごめんなさい。だけど、もう殺っていないのに、殺ったといえません。梅沢先生、すみません。お願いいたします。

私は、お袋や兄弟にもうこれいじょう心配をかけたくありません。お袋や兄弟に、本当の事を言いたいのです。私は事件をおこしていませんと言います。

梅沢先生、私が警察につれていかれたのが、平成三年十二月一日の朝です。私が平成二年五月十二日、午後幼稚園の仕事を終えて、午後一時三〇分ごろ家富町（実家）へ帰りました。それから午後二時三〇分ごろ、家富町を出て福居泉町へ行くとちゅうで、山清食料品店（問題のレシートが見つかったスーパーマーケット／正しくは山清フードセンター）へ寄りました。山清食料品店を出たのが、午後三時すぎです。パチンコ店には、寄っていませんでした。それで、この日は福居泉町（借家）から一歩も外に出ていません。それで、次の日の朝の十時ごろ、福居泉町のかり家を出て、家富町へ帰るとちゅう、渡良瀬川の田中橋をわたったら、人が大ぜいいて、そしてテレビ局の車がありましたが、なんだろうと思いながら、ニュー丸の内パチンコ店で一時間やりました。

それで家富町へ帰りました。十一時三〇分ごろでした。家富町についてからお袋に渡良瀬川の田中橋の下に大ぜい人がいるよ、と話しました。これが本当の事です。梅沢先生、奥沢先生、ごめんなさい。ゆるして下さい。私は今、つらくてしようがありません》

梅澤弁護士は驚いたと思います。梅澤弁護士は初めから私を犯人だと決めつけていましたから。今ならば、それはないだろう、と思ったに違いありません。ですが、当時の自分は、何も分からなかったのです。弁護士の仕事は何なのか、検事の仕事は何なのか、ということさえ、分からなかったのです。

私を信じてくれた人たち

そして、判決が予定されていた第一〇回公判（六月二四日）に弁論が再開され、私に対する被告人質問が行われました。私は、再び犯行を否認しましたが、直ちに改めて論告・求刑と弁論が行われ、二週間後の第一一回公判（七月七日）に無期懲役の判決が下されました。

一審を担当した梅澤弁護士からは「自分はここで降りる。二審は国選弁護人に頼め」と言われていたので、控訴審では国選弁護人が選任されましたが、私の無実を信じてくれた支援グループの皆さんが佐藤弁護士に弁護の依頼をしてくれたのです。

支援グループの代表になってくれた西巻さんは、「あなたはやっていないと思う」「信じてます」と書いた手紙をくれました。その後には面会にも来てくれ、「がんばってください」と励ましてもらいました。

西巻さんは、まったく知らない人でしたが、公判の経過から、おかしいと感じたそうです。西巻さんは、それまではこうした活動とは無縁だった主婦ですが、それ以後西巻さんにはどれだけ励ましてもらったかわかりません。

逮捕されてからははじめて「信じている」という言葉を西巻さんに掛けてもらいました。だからこそ、これからは「やっていない」と、何も怖がらずに本当のことを言って、闘っていこうという気持ちを強く持つことができたのです。

西巻さんと佐藤先生がいなければ、釈放の日を迎えることはできなかったと思います。

第二審が始まったあと、支援グループの皆さんに宛てた手紙も書いています。


【「支える会」に宛てた手紙　一九九四年五月一三日】

《地元（足利市）の皆さんこんにちは、私は菅家利和と申うします。足利事件で私は犯人にされてしまいました。私は警察の見込み捜査で突然逮捕されました。事件は平成二年五月十二日午後七時頃おきました。そして私は平成三年十二月一日の朝、私は借家から刑事にいきなり警察へ連行されました。そして十二月一日朝から夜おそくまで調べられました。

一日の日に刑事に「お前がやったんだな」と私にゆうのです。それで私はやっていないと話しましたが、刑事はまったくうけつけませんでした。そして刑事がお前は現場に行っているんだよとゆうのです。しかし私は現場には行っていないのです。刑事に私は現場には、行っていませんと話しました。それでも刑事はまったく受けつけません。

そしてまた刑事が、お前がやったはずだとまた私を責めたてるのです。私はやっていませんと何度も何度も刑事に話すのですが、それでもまったく受け付けられませんでした。時間が進むにつれて、刑事の声がだんだんと大きくなるのです。そして刑事が机をたたいたりして、早くしゃべって楽になれと言うのです。

それから私が下をむいた時、刑事に私はかみの毛をひっぱられました。私は刑事に机をたたかれたり、大きな声でいわれたり、だんだん刑事がこわくなり、疲れと、眠さとで私はもうつかれてしまい、やってもいない事件をやったと言えば休ませてくれると思い、それで私はやったと言ってしまいました。それで私は夜おそくなって逮捕されました。

地元（足利市）の皆さん、どうか信じて下さい。私は足利事件には無関係なのです。私は控訴審の裁判に頑張りますので、どうか私を見守っていて下さい。地元（足利市）の皆さん、どうか傍聴にきて下さい。この足利事件はDNA鑑定で、多くの疑問点があります。私は罪をおかしていないのに、犯人にされたことです。だからDNA鑑定はおかしいのです。

支える会・栃木の皆さんによろしくおつたえ下さい。俺は控訴の裁判で無罪になって早く家に帰りたい。皆に早く会いたい。罪をおかしていないのだからぜったい無罪になって、お袋や皆に安心してもらいたい。早く真犯人が逮捕されるように。俺は真犯人がにくい。真犯人をぜったいゆるさない。おくれてすみません。皆さんもお元気で、利和も元気に頑張ります。　利和より》

千葉刑務所では殺されそうに……

現在、無期懲役の刑の執行を停止され釈放されている私はこれから再審公判に臨むことになりますが、冤罪《えんざい》の背景についてじっくり検証してほしいと思っています。再審によって早く「無罪」の判決を出してほしいとは思いますが、簡単に片づけられてしまっては、逮捕されてからの一七年半までが何だったのか分からなくなってしまうからです。

この一七年半は、長くて苦しいものでした。

一九九六（平成八）年に結審した第二審でも一審判決がほぼそのまま追認されました。そして、二〇〇〇（平成一二）年七月に最高裁が上告棄却の決定を下して無期懲役が確定すると、一〇月に東京拘置所から千葉刑務所へ移送されました。

千葉刑務所では釈放されるまで約八年半を過ごしましたが、刑務所での生活は本当に厳しいものでした。

千葉刑務所に入所して六人部屋に入れられましたが、同じ房になった人のなかにはひどい先輩がいたのです。

先輩といっても年下ですが、先輩から「刑務所に来てから一週間は客だから、そのあいだに全部やり方を覚えろ」と言われました。

布団や毛布のたたみ方、食器の洗い方、トイレや畳の掃除の仕方、窓ふき……。そうしたことのそれぞれに覚えなければならない細かいルールがありました。たとえば、六人分のハシ箱があって、六組のハシがそれぞれ誰のもので、どのハシ箱に入れなければならないかが決まっていましたが、そんなことは簡単に覚えられません。私に限らず、一週間で全部を覚えた人なんていなかったのです。

しかし、それがうまくできずに間違ったりすると、殴られたり、蹴《け》られたりするのです。それで肋骨《ろっこつ》が二本、折れたこともありました。急所を蹴られたりもしました。水を張った洗面器に顔を押し込められたときは死にそうになりました。

何度、殺されると思ったかわかりません。

トイレの中に連れ込まれて、裸になれと言われて、それに従わないと、ぼこぼこに殴られました。

そういうことがあっても、他の人たちはみんな見て見ぬふりをしていました。それでケガをして医務室に運ばれ、先生に「何をされた？」と訊《き》かれても「何もされていません」と答えるしかありませんでした。「もし言ったら殺すぞ」と脅されていたのです。それくらいひどい目に遭わされ、怖い思いをさせられていたのです。

「一八七番」と呼ばれて

入所して、初めての工場に行った時、刑務官に「自分はやっていません」と言ったら、「お前の言うことなんか信用できない」と言われました。

変化のない日々の中で、週末を除けば、工場と房とを往復するだけの毎日でした。手提げのビニール袋を作るのが私の仕事で、電気ゴテを使って袋に持ち手をつけるという作業をひたすら繰り返していたのです。

工場にいく際は、ほかの受刑者と行進していき、身体検査のときには、パンツ一枚になったあと、お尻《しり》まで見せなくてはならず、それが苦痛で仕方ありませんでした。

名前ではなく「一八七番」と番号で呼ばれていたのも嫌でした。一八七は「イヤナ」と読めるので、余計にそうでした。このことは別にしても、番号で呼ばれ続けていれば、自分が人間ではないような気がしてくるものです。刑務所で人を番号で呼ぶのはやめにしてほしいと思います。

それでも、そんな毎日を送っているうちにいい仲間をつくることもできたからこそ、なんとか釈放されるまで耐え続けることもできたのです。刑務所の中で、気が合った人は何人もいます。突然釈放されたから、挨拶もできずに出てきました。それが心残りです。出る前に、「菅家さん、自分のことのように嬉しいよ」と言ってくれた人もいます。もちろん、塀の外では佐藤先生や西巻さんが応援してくれているんだと思っていたので、それがいちばんの支えになっていました。

釈放される日が来るのを信じて、釈放されたらあそこに行こうと日本地図を見ることが刑務所の中でのいちばんの楽しみでした。

何も悪いことをしていない私が、どうしてそんな時間を過ごさなければならなかったのでしょうか。

それも、一年や二年ではなく一七年半です。

私に罪をかぶせた人たちにこの時間の重みを知ってもらうためにも、再審公判は重要な意味を持っています。

佐藤博史

第四章　弁護人、検察官、裁判官はなぜ無実を見抜けなかったのか

一審弁護人の責任

菅家さんには捜査段階から梅澤錦治弁護士、奥澤利夫弁護士が弁護人に選任されました。私選弁護人です。お兄さんが弁護士費用の五〇万円を用立てて菅家さんの弁護を依頼したのです。

しかし、率直に言って、一審弁護人の「弁護」は、およそ弁護の名に値しないものでした。DNA鑑定神話が支配していた起訴前の段階はともかくとして、菅家さんが家族に宛てた一四通の手紙をお兄さんが不審に思って梅澤弁護士のもとに届け、梅澤弁護士がこの手紙を弁護側の証拠として証拠請求した以上、梅澤弁護士は、その内容について、菅家さんと事前に接見して確かめておくべきでした。

しかし、梅澤弁護士は、菅家さんと接見せずに、いきなり法廷で家族に宛てた手紙に「無実」とあるのはどのような意味かと質問し、菅家さんが「無実とはやっていないということです」と答えて驚き、「これまで嘘をついてきたのか」と問い質《ただ》し、菅家さんが泣き出して法廷がそのまま終えられると、新聞記者に向かって「信頼関係が崩された気分だ。このまま否認を続けると辞任もあり得る」と述べたのです。梅澤弁護士のこのような態度を菅家さんは敏感に察知し、二日後の一二月二四日、拘置所に接見に来た梅澤弁護士に謝りました。そして、梅澤弁護士は、菅家さんに「真実ちゃんの遺族の調書で極刑とあったために怖くなって思わずやっていないと言ってしまいました。申し訳ありません。お許し下さい」という上申書を久保眞人裁判長宛てに書くよう助言したのです。

さらに、一九九三年五月三一日付で菅家さんが弁護人に無実を訴える手紙を書いたときにも、梅澤弁護士は、これを裁判所に証拠請求し、弁論再開申立てをして、菅家さんの言い分を言わせただけで、直ちに証拠調べを終えて論告・求刑、弁論を行うことに同意したのです。

二週間後に判決期日が指定されて、無罪判決が下されると予想する者はいません。

日本国憲法三七条三項は、資格を有する弁護士による弁護を国民に保障しています。「資格を有する」とは司法試験に受かったという意味ではもちろんありません。十分な弁護を行う能力を有するという意味です。しかし、梅澤弁護士らには、ＤＮＡ鑑定に関する知識が明らかに欠けていました。何よりも、梅澤弁護士らによる「弁護」は、無実を主張する菅家さんの主張に沿って弁護を行うという弁護の基本に背くものでした。

菅家さんは、一審で実質的に弁護人なしで公判に臨んでいたことになります。

一審検察官の責任

足利事件で菅家さんの取調べを行い、菅家さんを起訴し、一審公判に立ち会った検察官は、森川大司検事（現公証人）です。

私は一審には関与していませんので、記録から判断するだけですが、森川検事にも菅家さんが無実であることに気付く機会はあったと思います。

森川検事に小児性愛者の捜査の経験があったのかどうか知りませんが、事件の半年後から一年間警察官に尾行されながら、菅家さんに幼女に対する声掛け事案が一件も認められなかったことは、菅家さんが小児性愛者ではないことを示しているのではないかと考えるべきものでした。そして、菅家さんの自白は虚偽だったのですから、どこかで「どうもおかしい」と気付くべきだったことになります。

菅家さんは、万弥ちゃん事件で逮捕され取り調べられたとき、森川検事から「君はやっていないのではないか」と聞かれ、「そうです」と答えたと述べていますが、森川検事が真実ちゃん事件の取調べで、「もしかして君は真実ちゃんを殺していないのではないか」と聞いたとすれば、菅家さんは、「そうです」と答えたに違いないと思います。しかし、森川検事は、真実ちゃん事件では、菅家さんにそのような問いを発しませんでした。

森川検事が、万弥ちゃん事件で逮捕された菅家さんを起訴しなかったことは既にみました。警察が有美ちゃん事件での逮捕を断念せざるを得なかったのも、万弥ちゃん事件の捜査が頓挫《とんざ》したためです。森川検事が万弥ちゃん事件の起訴を何故断念したのかその理由は分かりません。しかし、そのとき、森川検事は、さかのぼって、真実ちゃん事件の菅家さんの自白も虚偽ではないのかと疑わなくてはならなかったと思います。

しかし、真実ちゃん事件は、既に起訴済みで、弁護人に見捨てられた菅家さんは、公判廷で事実を認めていました。森川検事の不安は、杞憂《きゆう》だったように思えました。

しかし、菅家さんは、一九九二年一二月二二日の第六回公判で、突如否認に転じ、直ちに再び自白したものの、判決公判を目前にした翌九三年五月三一日に弁護人に無実を訴える手紙を書き、六月二四日の第一〇回公判では、本格的な否認に転じたのですから、森川検事には、菅家さんの無実に気付く機会が与えられていたことになります。

しかし、森川検事は、菅家さんが本格的な否認に転じたのちも、菅家さんを犯人だと断定し、無期懲役の求刑を行ったのです。

森川検事が菅家さんにどのような「訊問《じんもん》」を行ったのかはのちにみます。何としても犯人を逮捕しなければならないという警察官の熱意がときとして暴走することがあります。それを正すのが検察官の役割です。真実ちゃん事件の捜査で、その役割を果たさず、公判廷で、菅家さんが否認に転じ、森川検事は、真実がほとばしり出た瞬間を二度にわたって目の当たりにしながら、それに気付かなかったのです。森川検事には検察官に求められるもっとも重要な資質が欠けていたと言うほかはありません。

一審裁判官の責任

足利事件の一審の裁判官は、久保眞人裁判長（現公証人）、樋口直裁判官、小林宏司裁判官です。

菅家さんが一審公判で二度にわたって否認に転じたのですから、三人の裁判官にも菅家さんの無実に気付く機会が与えられていたことになるのは言うまでもありません。

しかし、ここでは、菅家さんが未《いま》だに犯行を認めていた第五回公判（一九九二年六月九日）での菅家さんが真実ちゃんを殺した場面に関する「訊問」がどのように行われたのかをみておきたいと思います。既に菅家さんの自白の中に無実のサインが明らかだからです。なお、以下の＊は、私が付した注記です。

（梅澤弁護士）

問「その次に、一番問題な点なんだけれども、結果的に殺してるでしょう」

答「はい」

問「私も何回か足利（警察署）に入っているとき、そこのところ確かめたけれども、まず、どうして殺す気になった」

答「やはり、自分が抱き着いた、……ですか、それで騒がれたんで、それでとっさに手が首にいっちゃったんです」

問「そうすると、殺して、死体をいたずらしたり、なめたり、オナニーしたりしてるんだ。そこでね、マスターベーションしたりしてるわけですよ、結果的にはね、それはもう初めからそういう目的で連れて行ったんと違うんですか」

答「違います」
問「私には、騒がれると困るからということを言ってたような気がするけれども、それともまた違うんかい」
答「また違うと思います」
問「微妙に違うんだな」
答「はい」
問「騒がれると困るんじゃなしに、抱き着いたら騒がれたのかい」
答「はい」
問「それが本当なのかい」
答「はい」
問「正直に言って下さい。この場まできてるんだから」
答「はい」
問「初めから殺そうと思って河川敷に降りて行ったんと違うんかい」
答「違います」
問「騒がれたんかい、本当に」

答「はい」
問「抱き着いたの」
答「はい」
問「それは、先ほど質問したように、渡良瀬川に降りる辺りでは、抱き着いて、多少いたずらしようという気持ちがあったということなんだね」
問「はい」
答「現実にそうやったんだね」
答「はい」
問「それは、殺害現場かい、抱き着いたりなんかしたのは」
答「はい」
問「そうしたら、真実ちゃんが騒いだの」
答「はい」
問「それで、とっさに首を絞めて殺しちゃったと、そういうことなの」
答「はい」

＊菅家さんは、「結果的に殺した」ことは認めましたが、真実ちゃんに抱き着こうとしたら騒がれたので殺したと供述しています。梅澤弁護士は、「この場まできてるんだから」「正直に言って下さい」とまで菅家さんを訊問していますが、菅家さんにこれを改めさせることはできませんでした。

しかし、菅家さんが犯人だとしたら、それこそ「この場まできている」のであって、真実ちゃんを殺した動機について敢《あ》えて虚偽を言う必要はないはずです。

梅澤弁護士には、菅家さんが何が真実なのか分からないまま「自白」を続けていることが分からないのです。

（森川検事）

問「さっきの君の説明では、真実ちゃんの首を絞める前に抱き着いたということを言いましたね」

答「はい」

問「この抱き着いたということについては、警察での調べのときに話してました」

答「したと思います」

問「したと思う」
答「はい」
問「そのとおり調書に取ってもらったと思いますか」
答「はい」
問「僕が君を調べたときに、僕にもそんな説明したかな」
答「ええ、したと思います」
問「僕が取った調書にもそういうふうに取ってもらったですかね」
答「はい」
問「だけど、実際、調書の中身は、首を絞める前に抱き着いたというふうなことは全然供述されてないんですよ。はっきり申しまして」
答「…………………」
問「そういうこと、言ってないんじゃないの」
答「抱き着いたって言ったのは、話したと思うんですけど」
問「抱き着いた場所というのが、さっきの説明では、河川敷へ行って、自転車を降りて、そして、殺害現場まで行ったところ、コンクリートの堤防の上ということになるんですかな」
答「はい」
問「警察の調べでも、首を絞める前にどんなことをしたのか、細かく聞かれたでしょう」
答「はい」
問「そのときに、抱き着いたということは、君、全然説明してなかったんじゃない」
答「いえ、自分でしたと思うんですけど」
問「君の調書を見ると、コンクリートの堤防のところへ連れていって、その堤防のことは最初は道路というふうな言い方もしてたみたいだけれども、そこへ連れていって、もう、いきなり首を絞めたような説明してたと思うんだけれども、記憶ないかい」
答「ええ、自分は、抱き着いたと思うんですけれども」
問「抱き着いた」
答「はい」
問「真実ちゃんを殺害する場面の状況については、僕も何回にもわたって細かく聞いたでしょう」

答「はい」
問「さっき言った検事調書が出来上がるまでに、実際、何回も聞いてますよね」
答「はい」
問「首を絞める前にどういうことがあったのか、何回も聞かれたという覚えないですか」
答「絞める前ですか」
問「うん」
答「その前、やはり、自分が抱き着いたと思うんですけれども」
問「そういうふうな説明、私にしました」
答「したと思うんですけど」
問「したと思う」
答「はい」
問「僕は、なぜ首を絞めたのか分からなくて、絞める前どういうことがあったのか、真実ちゃんが騒いだのかどうか、細かく何度も聞いたと思うんだけれどもね」
答「はい」

問「結局、抱き着いたり何もしないで、真実ちゃんも騒いだりしなかった、それで、ただ、騒がれると思って首を絞めたというような、いきなり首を絞めたというような、そういう説明だったから、そのとおり調書にしたと思うんだけれども」

答「自分としては、やはり、騒がれたと思って、それで手が首にいったと思うんですよね」

問「騒がれたと思ってというのは」

答「思ってというんじゃなくて、やはり、声ですか…………声出して」

問「君の捜査段階での説明は、声出したからというんじゃなくて、声を出すと都合が悪いから、声を出される前に首を絞めたと、趣旨としてはそういう内容になるんですよね」

答「……………」

問「違うのかな」

答「うん、自分としては、やはり、出されたので、それで、手が首にいったと思うんです」

問「警察で取られた調書の内容とか、検事調書の内容とか、今、細かいところはちょっと覚えてないというか、はっきりとは覚えてないようですけれどね」

答「はい」
問「警察でも、また、私の調べでも、首を絞める前の状況がどういう状況だったかは、細かく聞かれたという覚えがありますか」
答「何か、自分ではあったと思います」
問「うん」
答「自分では、絞める前に」
問「調べの状況を今聞いているんですからね。取調べのときに、首を絞める前にどういう状況だったのかを細かく聞かれたということがありましたか、ありませんでしたか」
答「あったと思います」
問「あった」
答「はい」
問「警察で取ってもらった調書、自分の説明と違った内容で書かれたというふうな、そんな記憶、どっかにありますか」
答「そういう記憶はないと思うんですけど」

問「私が取った調書、どっか自分の説明と違った内容で書かれたと、そういうふうな記憶ありますか」

答「それもないと思います」

問「ない」

答「はい」

＊ここでも、菅家さんは、警察官や検察官から詳しく訊かれて、供述どおり調書を作成してもらったと素直に認めながら、殺意を生じた時期と理由について、捜査段階の供述と食い違う供述をしていることの自覚がないことを暴露しています。

菅家さんは、真実ちゃんを殺していないからこそ、このような奇妙な供述を続けているのだということが森川検事にも分からないのです。

（小林裁判官）

問「さっき言った、騒がれたから殺したというのと同じように、今法廷で言ったようなことを捜査官にも言ったという記憶なんですか」

答「はい、だと思います」

（樋口裁判官）

問「先ほど、真実ちゃんに抱き着いたら騒がれたと、こういうことを言いましたね」
答「はい」
問「どういう形で抱き着いたんですか」
答「両手で、後ろへ、抱えるようにですか、こういう感じです」
問「真実ちゃんは立っているのね」
答「はい」
問「後ろから」
答「前からです」
問「手で、どのへんを」
答「このへん（首）だと思うんですけど」
問「首ですか」
答「はい」

問「それは抱き着くんとは違うんじゃないの」
答「抱き着くのは、こうに抱き着きました」

（久保裁判長）
問「両腕を抱えるようにして、真実ちゃんの体を抱いたというわけですか」
答「はい、そうです」

（樋口裁判官）
問「それが抱き着くですね」
答「はい」
問「それは、どういう意味で抱き着いたんですか」
答「…………何して、何ていうんですか、性行為というんですか、それを、そういうことも思ったんです」
問「当然、騒ぐというか、抵抗されるということは分かってましたか」
答「やはり、こういうふうにやれば、何ていうんか、騒ぐといいますか…………それまでは考えていなかったんです」

問「あるいは、おとなしく抱かれるままというか、その後、いたずらするのかもしれませんが、なされるままにしているだろうという思いもあったんですか」

答「やはり…………」

問「そのへんはよく分かりませんか。夢中で抱き着いたというようなことですかね」

答「はい」

問「抱き着いたところ、騒いだ」

答「はい」

問「どういう騒ぎ方なの」

答「こういう、何ていうんですか」

問「振りほどく」

答「はい」

問「両腕で抱えるようにして抱き着いたんで、それを振りほどく」

答「はい」

問「声は」

答「声は、やはり、何ていうんですか、立てましたけど」
問「何て」
答「やだとか言ったと思います」
問「それで、どうしました」
答「それで、とっさに首に手がいきました」
問「手をかけた」
答「はい」
問「それは、あなたとしては、急に騒がれたという感じだったわけですか」
答「はい」
問「今言ったような意味で、先ほど、抱き着いたら騒がれた云々と、こう言ったわけですか」
答「はい」

＊三人の裁判官も菅家さんを訊問するだけで、菅家さんが虚偽の自白を続けていることを見抜けませんでした。

殺意を生じた時期に関する宇都宮地裁の判断

さて、菅家さんは、一審公判で、「殺意を生じた時期」について、真実ちゃんに抱き着こうとしたら騒いだので思わず殺したと「自白」しました。

ところが、一審判決は、つぎのように述べて、菅家さんのこの自白は信用できないと判断しました。

「3　殺意の生じた時期について

被告人は、わいせつ行為をすると騒がれると思ったので、まず真実を殺害し、その後わいせつ行為を行った旨、捜査段階において一貫して自白していたが、第五回公判期日の被告人質問に至り、真実を抱き締めたところ、騒ぎ始めたので、とっさに殺害した旨供述するようになった。

そこで検討すると、前掲各証拠によれば、被告人は当初から真実を裸にしてなめるなどのわいせつ行為を行うつもりだったこと、被告人は、真実を人目につきにくい護岸上へ連れていったものの、右場所から三〇メートルほど離れた場所には公園内道路が走り、その先には野球場などがあったこと、犯行当時河川敷の公園内にはまだ人がいたこと、被告人は、真実を殺害した後、その場で小便をした上自慰行為を行い、さらに死体を移動させ、着衣をはぎ取ってわいせつ行為をし、再び自慰行為に及んだ後、死体を現場付近の草むらに遺棄し、自宅に戻ったことが認められる。

これらの事実によれば、真実を殺害することなくわいせつ行為に及んだ場合、同児が騒ぎ出してわいせつ目的を遂げることができないだけでなく、公園にいる者や公園内道路を通りかかった者に犯行が発覚するおそれがあったと被告人も当然予想していたといえる。また、真実殺害後の被告人の行動は、殺すつもりがなかったのに、騒がれたためたまたま殺害してしまった者の行動としては、余りにも冷静すぎるとの感を拭《ぬぐ》えない。

そして、前掲各証拠によれば、被告人は、本件に関し最初に取り調べを受けた平成三年一二月一日の司法警察員に対する供述調書において、騒がれる前に殺害した旨自白しているのであって、捜査段階において一貫して右供述を維持し、右取り調べにおいて自らの記憶どおり調書を録取してもらっていたことが認められる。このような事情に照らすと、騒がれる前に殺害したという被告人の捜査段階における自白は十分に信用できる。

他方、騒がれたから殺害したという公判供述についてみると、印象深く記憶に残るはずのそのような事実を捜査時点においては全く供述せず（なお、被告人は、現場への引き当たり捜査の際に新たに記憶を呼び起こして供述を変更した部分もあるが、殺意の発生時点に関しては捜査当初からの供述を維持している。）、何故公判段階になって突然供述し始めたのか納得できる理由が見当たらないだけでなく、右弁解内容は先に挙げた事情にもそぐわず、信用できない。」

つまり、一審判決によれば、菅家さんが生きている真実ちゃんに抱き着こうとしたことはないのであり、菅家さんの真実ちゃんに対する「抱き着き行為」の公判廷での「再現」は、全くありもしないことだというのです。

しかし、そうだとすれば、菅家さんは、体験しない事実を「自白」しているのではないかと考えるべきものです。

菅家さんの無実が明らかになっている今、菅家さんの公判廷での自白を前にして、弁護人、検察官、裁判官がどのように振る舞ったのかの記録は、現在の刑事司法が正しく機能しているのかを確かめるためのリトマス試験紙というべきものです。そして、それがいかにおぼつかないものか、お分かりになったと思います。

殺意を生じた時期に関する東京高裁の判断

殺意を生じた時期に関する菅家さんの一審公判での自白が虚偽のものなのか、それとも真実のものなのかは控訴審でも問題になりました。

そして、控訴審判決はこの点についてつぎのように判断したのです。

「更に、原審第五回公判期日には、誘拐し、殺害し、全裸にし愛撫《あいぶ》して遺棄したという本件犯行の基本事実を肯定したうえで、わいせつ目的の生じた時期を争い、殺害のきっかけとなった、被告人の真実に対する抱き着き行為の模様を、手振りを交えて具体的に供述しているのであり、被告人が当審で弁解するような、当時の新聞記事の記憶などから想像をまじえて、経験しない虚構の真実を捜査官などの気にいるように供述したなどという弁解は、到底受け入れ難い。」

控訴審の裁判官は、髙木俊夫裁判長（故人）、岡村稔裁判官、長谷川憲一裁判官でした。

東京高裁の三人の裁判官も、菅家さんが懸命に無実の訴えをしているのに、菅家さんは虚偽の弁解をしているのだと断定したのです。

東京高裁の三人の裁判官は、菅家さんが一貫して無実を主張するのを目の当たりにしながら、菅家さんの捜査段階の自白が信用できると判断しましたので、なおさら真実を見抜く力がなかったことになります。

控訴棄却を言い渡されたとき

控訴審で私たちが問題にしたのは、殺意を生じた時期に関する菅家さんの公判廷での自白の不自然さだけではありません。

三か月間で書き上げた「控訴趣意書」は、四八五ページに及びましたが、私は、その冒頭につぎのように書きました。

《原判決は、平成二年五月十二日午後七時ころ被害者が行方不明になり、翌十三日午前十時二十分ころ渡良瀬川の河川敷で死体で発見されたという本件事件につき、被告人の捜査段階及び公判廷での自白には信用性がある（その否認供述はたやすく信用できない）として、被告人が被害者を誘拐・殺害したものと認定し、被告人を無期懲役に処した。

しかしながら、被告人は、被害者を誘拐・殺害した犯人ではない。真犯人は別にいて、被告人は、本件とは全く無関係なのである。

つまり、原判決は、何よりもその事実誤認の故に破棄されなくてはならないが、原判決が被告人を真犯人と断定したことに十分な根拠があるかと言えば、実は、そうではない。原判決を支える証拠は、それ自体きわめて脆弱《ぜいじゃく》なものである》

この控訴趣意書を受けた控訴審は、一九九四（平成六）年四月二八日の第一回公判から一九九六（平成八）年五月九日の第一八回公判（判決公判）まで、一審を上回る二年掛かりのものとなりましたが、私は、菅家さんに無罪判決が下されるものと信じて疑いませんでした。判決の前日にも東京拘置所で接見し、菅家さんに「無罪になったら何をしたいか」と聞いたことを覚えています。

しかし、控訴審判決は、「控訴棄却」でした。

無罪となるものと信じていた菅家さんはもちろん、私もショックで、その日、帰宅する道すがら、「菅家さん、ごめんなさい。菅家さん、ごめんなさい」と泣きながら心の中でつぶやいたことを思い出します。

ともあれ、控訴審判決は、私たちの控訴趣意をことごとく退けました。しかし、菅家さんの無実が明らかになった今、私たちの主張こそが正しかったのです。

そこで、私たちが控訴審でどのような主張を行ったのかを一四の疑問点としてごく簡単にみておきたいと思います。

菅谷さんの「自白」に対する一四の疑問点

疑問一　菅家さんは真実ちゃんを見つけることができるのか

菅家さんは、景品交換後、駐車場に真実ちゃんがしゃがんでいるのを発見して、近寄って声を掛けたことになっていました。

しかし、土曜日の夕刻、国道に近いパチンコ店の駐車場は、車で埋まっていた可能性が高く、菅家さんと真実ちゃんの間に一台でも車が停まっていれば、それだけで真実ちゃんを発見できない状況が現場検証で再現されていました。そこで、私たちはつぎのように主張しました。

《一、警察による現場検証の際、真実ちゃんがしゃがんでいた場所として菅家さんが供述した位置は、駐車場に一台でも車が駐車していた場合には、菅家さんからは死角になる。そして、パチンコ店の従業員は、犯行のあった土曜日夕方の時間帯に、相当数の駐車があったと証言している》

菅家さんが現場で指示説明した状況が写真撮影され、調書に添付されていましたが、それは、早朝、駐車場に車が一台も停まっていない状態で行われたもので、菅家さんとしゃがんでいる真実ちゃんの間に車が一台でも停まっていれば、菅家さんの位置から真実ちゃんを見つけることはできないことをむしろ示すものだったのです。

疑問二　真実ちゃんは簡単に誘いに応じるのか

真実ちゃんは、四歳の女の子としてはしっかりした子供で、事件の前日にも、パチンコ店の従業員から「変なおじさんについていってはダメだよ」と言われ、「絶対行かない」と答えていました。

《二、四歳八か月の真実ちゃんが、夕暮れ時にパチンコ店にいる父親と離れ、見知らぬ男の誘いに簡単に応じるとは思えない。しかし、菅家さんの自白によれば、菅家さんは真実ちゃんに「自転車に乗るかい」と声を掛けただけである。菅家さんが自白する誘拐の方法は、非現実的というほかはない》

疑問三　誰も菅家さんと真実ちゃんを見なかった

事件当日、渡良瀬川の運動公園には約一〇〇人の人がいました。そして、本件ではほぼ完璧《かんぺき》な初動捜査が行われたのです。しかし、自転車の後部座席に女の子を乗せて運動公園を移動していった中年男性を目撃した人は一人もいませんでした。

《三、菅家さんは、渡良瀬運動公園を抜けてT字路交差点まで真実ちゃんを自転車の後部座席に乗せて行き、そこで、真実ちゃんを降ろして、真実ちゃんの手を引いて殺害現場のコンクリート護岸まで行ったと自白した。しかし、新聞報道によれば、その時刻には、現場付近に一〇〇人くらいの人がいて、そのうち八〇人が捜査当局に判明し、菅家さんも多数の人がいたと自白している。しかし、菅家さんの自白に沿う目撃者は、一人も現れていない。また、菅家さんの自白によれば、T字路交差点に約三〇分間自転車を

放置していたことになるが、これを見た者もいない》

疑問四　真実ちゃんは黙ったままなのか

真実ちゃんが黙ったまま、殺害現場まで付いて来たという菅家さんの自白も明らかに不自然です。

《四、当日の日没は午後六時四〇分であるが、薄暗くなった午後七時前後に、真実ちゃんが駐車場から公園までの約六〇〇メートルもの距離を嫌がることなく自転車の後部座席に座ったままだったということもおよそあり得ない。まして、自転車を降りたあと、被告人に手を引かれるまま黙って葦《あし》の茂みの中に入り殺害現場のコンクリート護岸まで付いていくことなど絶対に考えられない》

疑問五　菅家さんの自白では真実ちゃんの死体の傷は生じない

菅家さんが自白する真実ちゃんの殺害方法と真実ちゃんの死体の傷は矛盾していました。

《五、菅家さんは、真実ちゃんの殺害方法をつぎのように自供している。

「両手で真実ちゃんの首を前から摑《つか》み、力を入れてぐっと絞めあげました。右手で真実ちゃんの左首筋を、左手で真実ちゃんの右首筋を摑み、左右の親指を真実ちゃんの喉《のど》のところにあてがって、ぐっと力を入れて絞め続けたのです」

菅家さんが自白する方法は、両手による扼頸《やっけい》で、これによれば、喉仏と首の後ろに傷が付くことになる。しかし、そのような方法ではそもそも首が絞まらない。しかも、真実ちゃんの首の傷は両脇にあり、自白と矛盾する。また、真実ちゃんの足には自白では説明できない生前の傷が残っている》

疑問六　真実ちゃんの死体をコンクリート護岸に置くことができるのか

菅家さんは、真実ちゃんを殺したあと、小便をしたくなって、真実ちゃんをコンクリート護岸の斜面に置き、小便をし、興奮したためそのまま自慰をして射精したことになっています。しかし、どう考えても不自然です。

《六、低水路護岸のコンクリート斜面の傾斜角は三〇度あり、真実ちゃんの死体を置くことは困難であるばかりか、不自然である。少し降りれば平らな場所があるからである。そして、斜面に立ったまま小便をし、興奮したためそのまま自慰をして射精したというのも、あまりにも不自然である》

疑問七　真実ちゃんの死体を抱いて自慰をしたのか

菅家さんは、真実ちゃんを抱いて自慰したことになっています。しかし、これも極めて不自然で、客観的な事実とも矛盾しています。

《七、菅家さんは身長一五五センチ、体重四五キロの小柄な体格だった。その菅家さんが体重一八キロの真実ちゃんの死体を片手で抱きながら、自慰をして射精するというのは困難である。何よりもそれでは真実ちゃんの体に精液が掛かってしまうだろう。しかし、犯人の精液は半袖《はんそで》下着だけに付いていた。菅家さんの自白はここでも客観的事実と明らかに矛盾している》

疑問八　半袖下着に精液が付いていたことが説明できない

菅家さんは、真実ちゃんの衣服を順に脱がせて、傍《かたわ》らに重ねていき、最後はパンツを脱がせたと自白しています。しかし、それでは半袖下着に精液が付いていたことが説明できません。

《八、菅家さんは、真実ちゃんの衣服を順に脱がせて、傍らに重ねていき、最後はパンツを脱がせたと自白している。これによると、半袖下着はパンツの下にあることになる。一二月一五日に行われた警察署内での犯行再現でも、真実ちゃんに見立てた人形を相手に順に衣服を脱がしていく過程を再現しているが、そこでも半袖下着はパンツの下だった。自慰の方法を含め、犯人の精液が半袖下着にだけ付いていたことと矛盾する》

疑問九　真実ちゃんの死体の唾液の跡も自白と矛盾する

菅家さんは、真実ちゃんの顔、胸、下半身を舐《な》めたと自白しています。しかし、それは死体所見と矛盾するものでした。

《九、真実ちゃんの死体からは唾液《だえき》が採取され、その血液型の鑑定が行われているが、顔や胸はA型、下半身はAB型と鑑定された。真実ちゃんの血液型はA型であるから、下半身のAB型は、B型の犯人の唾液とA型の真実ちゃんの汗が混じったと考えることで説明できるが、顔や胸のA型の説明ができない。真実ちゃんの顔や胸に青色の砂が付着していることとも関係するが、犯人が真実ちゃんの顔を水に付け、犯人の唾液は流されたと考えると説明できる。しかし、菅家さんの自白にそのような場面は一切登場しない》

疑問一〇　菅家さんは犯行現場を知らない

菅家さんは、自白すると同時に、犯行現場の図を書かされました。しかし、それは実際の現場と大きく異なり、菅家さんが現場を知らないことを暴露したものでした。

《一〇、菅家さんは、真実ちゃんの死体をコンクリート護岸の斜面に置いたあと、わいせつ行為を行った場所に運び、さらに死体を遺棄した場所まで運んだと自白し、それぞれの距離をいずれも「五メートルくらい」と述べている。しかし、一二月一三日の現場での実況見分後、それぞれ「三〇メートルくらい」へと大幅に供述を変更した。

しかも、菅家さんは、現場での実況見分で、「死体を遺棄するまでの場所」は現場で指示したものの、客観的に明らかな「死体を遺棄した場所」だけは正しく指示できず、警察官から教えられてようやくその場所を指示できた。

　これらのことは、菅家さんが犯行現場を実際には知らないことを示していると考えるべきである》

疑問一一　菅家さんは何度も射精できたのか

菅家さんは、射精した回数について、最初三回、最後は二回ぐらいと供述しました。これも不自然です。


《一一、菅家さんは、真実ちゃんを殺して現場を離れるまでの時間を三十分前後としているが、この間に自慰をして射精したことになっている。そして、その回数を最初は三回、最後は二回ぐらいと供述している。

　しかし、本件のような性犯罪で犯行の目的はわいせつ行為と自慰であり、犯人は犯行後も繰り返しその場面を想起することは犯罪心理学が教えている。ところが、菅家さんの自白は、この核心部分で変遷しており、性犯罪者の自白として不合理・不自然である。

また射精の回数を仮に二回だとしても、当時四三歳の菅家さんには無理であろう》
　なお、真実ちゃんを殺してから三〇分間で現場を離れたというのにも無理があります。スーパーの閉店時刻は午後八時でした。そして、菅家さんは午後七時四五分にはスーパーに到着したことになっていました。菅家さんが自転車を停めたT字路からスーパーまでどんなに急いでも一〇分は掛かります。つまり、菅家さんは午後七時三五分には現場を離れる必要があります。しかし、真実ちゃんを見てとっさに思い付いた犯行で、菅家さんの手元には懐中電灯はありません。日没後、殺害現場から真実ちゃんの死体を抱えていたずら現場まで約五六メートル移動していたずらし、さらに身の丈を超える葦《あし》の中を真実ちゃんの死体を抱えて約四〇メートル移動して死体を遺棄し、さらに、いたずら現場まで戻って真実ちゃんの衣服を手にして、約六〇メートル離れた衣服の投棄場所に行き、そこから約一四〇メートル離れたT字路交差点まで戻ることが不可能なことは、実際に夜間に現場に立ってみれば、すぐに分かることです。菅家さんの移動距離は直線でも約三三六メートル（五六＋四〇＋四〇＋六〇＋一四〇）にもなるからです。薄暗がりのゴルフコースのミドルホールをティーグラウンドからグリーンまで歩くことを想像してください。しかも、その間には身の丈を超える葦や身を切る野バラが群生しているのです。

二〇〇九年五月一六日、報道陣と一緒に、事件当時とは様相を一変し、踏み固められた道ができている「現場」の夜間検証をしましたが、それでも菅家さんが自白する犯行は不可能であると全員が実感したことでした。

疑問一二　菅家さんは半袖下着の投棄方法を知らない

菅家さんは、半袖下着が川の中から発見されたことについて警察官から訊かれ、その投棄方法についても説明し、再現しています。しかし、それも実際とは大きく異なるものでした。

《一二、真実ちゃんの半袖下着は、スカートをフード状にし、その中に、左足のサンダル、二枚重ねのパンツと一緒に詰め込まれて発見された。しかし、菅家さんは、犯行再現で、半袖下着を含む下着をスカートで巻いてひとつにまとめ、投棄した。これでは投棄後全部はバラバラになる。現にその様子が写真撮影されている。

また、パンツの中とスカートの中には多量の草が詰め込まれていた。しかし、菅家さんは、サンダルがスカートの中に詰め込まれていたことを含め、そのことについて一切供述していない。このことも菅家さんが犯行の実際を知らないことを教えている》

疑問一三　菅家さんはスーパーに昼間立ち寄った

菅家さんは、その日の夕食を買うためにスーパーに寄る必要がありました。問題はその時刻が犯行後の午後八時前なのか、それとも午後三時過ぎかでした。

《一三、菅家さんの自白によれば、犯行後の午後八時頃に山清フードセンターに寄り、夕食を買ったことになっている。しかし、警察は、それを裏付けるレシートの控えを発見できなかった。

一方、弁護人が、菅家さんが一審弁護人に宛てた手紙を手掛かりに調査したところ、午後三時二分に缶コーヒーの値段に合致する九五円の品物二個を含む九二八円の買い物のレシートを発見した。菅家さんの否認供述こそ「秘密の暴露」を伴う信用すべきものなのである》

疑問一四　菅家さんの自白には秘密の暴露がなく、むしろ無知が暴露されている

菅家さんの自白には秘密の暴露がありませんでした。そこで、つぎのように主張しました。

《一四、菅家さんの自白には秘密の暴露がない。秘密の暴露とは、あらかじめ捜査官が知り得なかった事実で、自白をもとに捜査したところ客観的事実として確認されたことをいう。

ところが、菅家さんの自白は、捜査官が既に知っている事実か、事実かどうか確認できない事柄だけから構成されている。菅家さんの自白は、捜査官の示唆を含む誘導、あるいは菅家さんが報道で知った知識に基づいて想像で供述可能なものばかりである。

しかも、菅家さんは、真実ちゃんの死体が遺棄された場所を現場で指示できず、警察官に教えてもらった。菅家さんの犯行再現や一審公判での自白をきちんと観察すれば、菅家さんの無知が暴露されていることこそが明らかである》

「無知の暴露」とは、真実の自白が秘密を暴露するのと反対に、虚偽の自白は無知を暴露すると説いた浜田寿美男奈良女子大学教授の『自白の研究』に由来する言葉ですが、菅家さんの自白は、菅家さんの無知を暴露していたのです。

控訴審判決は、菅家さんの自白が信用できると言い切った

ところが、控訴審判決は、つぎのように述べて、菅家さんの自白が信用でき、否認供述は信用できないとしました。

「被告人は、控訴審で、一審では取調べ警察官などが怖くて本当のことを言えなかったと述べているが、同時に、被害者を誘拐して殺し、死体を隠したことについては、誘導されたのではなく、自分から話したと供述している。そして、被告人は、明確に犯行を否認している控訴審でも、自白の強要や誘導がなかったことを認めている。

被告人の知能は精神薄弱の境界域にあり、人格の発達が未熟であると認められるが、被告人の暗示に掛かりやすく迎合しやすいという傾向を考慮しても、被告人の自白には任意性が認められ、本件犯行の根幹部分については信用するに足ると認められる。

被告人の供述に厳密な意味での秘密の暴露がないのは、徹底した捜査がなされた本件のような場合には当然であり、そのことをもって自白の信用性が低いとはいえない。犯行から約一年半経過してからの自白であるから、ある程度の記憶違いや供述の変遷は、不自然、不合理ではない」

控訴審判決はこのように述べて、私たちの主張をことごとく退けました。DNA鑑定の魔力に負け、正しい自白の吟味ができなくなっていたのです。

真実ちゃんの鼻と口から出ていた泡沫液の意味

ところで、DNA鑑定の魔力は、私たち弁護人にも及んでいました。控訴審での証拠調べを終え、弁論の準備をしていたとき、控訴審の途中から弁護団に加わった岡部保男弁護士が、真実ちゃんの鼻と口から泡沫液《ほうまつ》が出ていること、それも解剖が進むにつれて増えてきていることを発見したのです。

北里大学の船尾忠孝先生（故人）にわざわざ私の事務所に来て頂いて教えてもらったことですが、水を吸って窒息死する「溺死《できし》」の場合、酸素を取り込もうと血液が肺に集中し、血液成分が血管の外に漏れ出し、それが外部由来の水と混じったところに激しい呼吸運動が起こり、卵の白身を攪拌《かくはん》したようになるのだそうです。その結果、肺胞内は白色の細かな泡沫液で充満し、それが死後腐敗ガスなどによって押し出され、鼻や口から白色微細な泡沫液が出てきます。上向きに寝かされた死体ではまるでキノコが生えてくるようで「泡沫キノコ」と呼ばれ、溺死の特徴的な所見として知られています。

真実ちゃんの首の両脇には明らかに首を手で絞められた跡である扼痕《やっこん》が認められたこともあって、真実ちゃんを司法解剖した上山滋太郎獨協医科大学教授（当時）は、死因を「扼死《やくし》」と鑑定し、泡沫液については吟味していませんでした。

そこで、私たちは、第一五回公判（九五年九月二一日）で予定されていた弁論を準備すると同時に、証拠調べの再開を申し立てました。東京高裁は、私たちの主張に一定の根拠があると認めて、証拠調べの再開を決め、第一六回公判（一一月一六日）に上山教授を尋問することに決めました。

しかし、上山教授は、「死因は扼死との鑑定結果に誤りはない。泡沫液は扼死の場合にも認められる」として、真実ちゃんが水を吸引した可能性を否定しました。そこで、弁護団は、船尾教授を弁護側の証人として請求しましたが、裁判所は、これを却下して、証拠調べの終了を宣言し、弁論を命じ、控訴棄却の判決を下したのです。

真実ちゃんが水を吸引して死亡したのかどうか、本当のところは分かりません。

しかし、真実ちゃんの顔と胸に砂がこびりついていること、真実ちゃんの顎《あご》の先端には尖《とが》った石などによると考えられる特徴的な傷があったこと、真実ちゃんの足にはゴツゴツした地面で足をばたつかせたときに付くであろう生前の傷があったこと、真実ちゃんの首の扼痕は真実ちゃんの首の後ろから片手で絞めたときに付いたと考えれば説明できることなどから、真実ちゃんは水が溜《た》まった場所で後ろから首を摑まれ顔を地面に押しつけられて殺された可能性が高いのではないかと思います。

なお、控訴審が、真実ちゃんの死体所見は菅家さんの自白と矛盾するという弁護人の主張を容《い》れて、証拠調べを再開したことは、次章でみる菅家さんの毛髪のＤＮＡ型検査を控訴審の段階で気付いておれば、もしかすると、控訴審でＤＮＡ再鑑定が実施され、今から一三年も前に、菅家さんの無実を明らかにすることができたのではないかという反省に繋《つな》がります。

しかし、私たちは、控訴審の段階では、まさか科警研のＤＮＡ鑑定が間違っているとは考えず、科警研のＤＮＡ鑑定が正しいことを前提に、菅家さん以外にも同じ血液型とＤＮ

A型の人物は多数存在しているから、菅家さんの自白が信用できるか否かが問題であるという視点からの弁護にとどまっていたのです。

ＤＮＡ鑑定の魔力は、間違いなく、私たちにも及んでいました。

佐藤博史

第五章　ＤＮＡ再鑑定までの長い道のり

科警研のＤＮＡ鑑定の問題点

「ＤＮＡ＝デオキシリボ核酸」とは、生物を構成するすべての細胞に存在する〝遺伝子の本体〟です。そして、ＤＮＡは、アデニン（Ａ）、チミン（Ｔ）、シトシン（Ｃ）、グアニン（Ｇ）の四つの塩基配列から成りますが、その塩基配列のうち個人によって異なる部分に着目して個人識別を行うのが「ＤＮＡ鑑定」です。

ＤＮＡ鑑定は、一九八五年にイギリスのアレック・ジェフリーズという分子遺伝学者によって犯罪捜査の手法として開発されたことは既にお話ししましたが、科警研は、アメリカのユタ大学ハワード・ヒューズ医学研究所に研究員（笠井賢太郎氏）を派遣し、そこで共同開発されたのが足利事件で用いられたＭＣＴ一一八法（ＭＣＴ一一八と呼ばれるＤＮＡの部位を対象とする鑑定法）です。

しかし、真実ちゃん事件が発生した一九九〇年五月当時、ＤＮＡ鑑定は未《いま》だ実用化されておらず、半袖下着《はんそで》の精液遺留は血液型の鑑定に用いられました。菅家さんが捨てたティッシュペーパーを入手した捜査本部は、窮余の一策としてDNA鑑定を思い付き、科警研がDNA鑑定を実施したところ、菅家さんと犯人のDNA型が一致したとされたのでした。

そして、科警研のDNA鑑定によると、菅家さんと犯人のMCT一一八のDNA型は、一六—二六で一致するというのです。


しかし、科警研のDNA鑑定には多くの問題がありました。

鑑定資料の取り扱い、血液型鑑定と異なり対象資料がある場合に行う同時鑑定、鑑定データの不開示などの問題は、すべて措《お》きます。

科警研のサンプル数が増えるに従って出現頻度の数値が大きく変動したことについては、既述のとおりです（本書六二頁）。

問題は型判定が正しかったのかです。本件のDNA鑑定の写真もそうですが、当時の科警研のDNA鑑定のDNAのバンドは太く歪《ゆが》んでいました。正しいバンドの位置は肉眼で適当な箇所に印を付けて決めるという非科学的なものでした。

そして、科警研が用いていた型判定の物差しに相当するマーカー（一二三マーカー）では正しい型判定ができないことが分かったのです。科警研も一九九三年八月に発表した論文で、正しい型判定はアレリックマーカーによるべきことを認めました。

私がその論文を弁護側の証拠として提出したことは言うまでもありません。

菅家さんと犯人のＤＮＡ型は一六―二六であるという型判定は、間違っていたのです。しかし、科警研は、一六は一八に、二六は三〇に対応すると主張し、科警研が同一と判定した鑑定結果そのものを変更する必要はないと主張しました。

控訴審判決の判断

控訴審判決は、この科警研の見解に従い、つぎのように述べて、科警研のＤＮＡ鑑定は依然信用できると判断しました。

「所論は、本件ＤＮＡ型鑑定で用いられた一二三マーカーには致命的な欠陥があり、本件で得られた一六―二六という型判定は、ＭＣＴ一一八部位の塩基配列の実際の繰り返し回数を示したものではないから、正しいＤＮＡ型判定とはいえず、正しい型判定をするには、アレリックマーカーを用いなければならないが、本件半袖下着を用いての再鑑定はもはや事実上不可能なので、結局、このような鑑定の結果は信用できない、というのである。

しかしながら、当審証人向山明孝、同坂井活子の各供述に、当審弁九四号証を併《あわ》せみると、平成三年八月から一二月にかけて二回のＤＮＡ型鑑定が行われた当時は、ＭＣＴ一一八法でＤＮＡ型判定をする際の指標として利用できるものは、一二三マーカーしかなく、これを使っていたが、その後アレリックマーカーが開発され、同マーカーは、ＭＣＴ一一八法で塩基配列の反覆回数を直接に読み取ることのできる指標であり、反覆回数と型番号が一致し、型分類も細分化されるので、型判定にはより適していることから、現在では指標としてアレリックマーカーを使うようになったこと、しかし、ポリアクリルアミドゲルを泳動担体に使って電気泳動をかけ、指標として一二三マーカーを用いる型判定（本件型鑑定でもこの方法が採用された）は再現性がよく、安定した検査結果が得られる方法であること、一二三マーカーとアレリックマーカーとは、ポリアクリルアミドゲル上での移動に規則的な対応が認められるので、従前から行われていた一二三マーカーを用いたＭＣＴ一一八法のＤＮＡ型の型番号とアレリックマーカーによる型番号の相互対応は可能であること、がそれぞれ認められる。したがって、一二三マーカーを用いたMCT一一八法で得られる型番号は、そのままMCT一一八部位の塩基配列の反復回数そのものを表しているとは、必ずしも言えない場合もあるが、異同識別のため対照すべき複数のDNA資料について、一二三マーカーを用いた型判定作業が同一条件下で行われる限り、異同識別に十分有効な方法であることに変わりはないと認められる。してみれば、所論指摘のマーカーの優劣の点は、本件DNA型鑑定の判定結果の信用性を否定ないし減殺するものではないというべきである」

少し分かりにくいかも知れませんが、一二三マーカーでの型判定（一六―二六）は正しくなかったが、アレリックマーカーによる正しい型判定と「規則的な対応」（一六は一八、二六は三〇）が認められ、「相互対応は可能である」（一六―二六は、一八―三〇である）から、科警研のDNA鑑定の「判定結果の信用性を否定ないし減殺するものではない」というのです。

そして、控訴審判決は、出現頻度の変動の点についても触れて、つぎのように述べました。

「本件で行われたMCT一一八法によるDNA型鑑定の一六―二六型の出現頻度が、データの増加によって変動しているが、原判決はそのような変動を前提として、血液型だけではなく三二五通りという著しい多型性を示す一一八型が一致したという事実が、ひとつの重要な間接事実となることは否定できないと判断しており、原判示は相当として首肯でき、型判定の一致の証明力を過大評価したというのは当たらない。

被害者の半袖下着と被告人のＤＮＡ型が同一型と判定されたことは、両者の結び付きを吟味するうえで、重要な積極証拠として評価することができるものである」

控訴審の三人の裁判官も、ＤＮＡ鑑定の魔力に負け、菅家さんが無実であることを見抜けなかったのです。

菅家さんのＭＣＴ一一八は何型か

控訴審判決に対し、私たちは、翌五月一〇日に上告しました。

そして、裁判記録が最高裁に移る前の六月七日、東京高裁に、将来のＤＮＡ再鑑定に備えて、半袖下着を適当な施設に委託してマイナス八〇度Ｃで保管するよう上申を行いました。ヒトの細胞のＤＮＡは、常温では日々劣化し、塩基配列が切断されてＤＮＡ鑑定が行えなくなっていきます。足利事件のＤＮＡ鑑定後に、警察庁がようやく定めたガイドラインでも、ＤＮＡ鑑定資料はマイナス八〇度Ｃで保管することになっています。刑事裁判にＤＮＡ鑑定が導入され、ＤＮＡ鑑定の証拠物の証拠価値が低下しないよう保管する義務が裁判所にあることは自明ですが、驚くべきことに、裁判所にはＤＮＡ鑑定資料を劣化しないよう保管する設備がなかったのです。

私たちは控訴審段階ではＤＮＡ再鑑定の請求を行いませんでした。しかし、控訴を棄却されて、ＤＮＡ再鑑定の必要性に思い至り、そのために保管替えの上申を行ったのです。しかし、東京高裁は、これを無視しました。

一方、最高裁判所から上告趣意書の提出期限が九七年一月二〇日と定められ、私は、その作成に没頭しました。

完成した上告趣意書は七五三ページに及びましたが、私はその最後を以下のように締めくくりました。

「本件の真実とは何か。

被告人は、本件ＤＮＡ鑑定の犠牲者であっても、真実ちゃんをわいせつ目的で誘拐して、殺害し、その死体を遺棄した犯人ではあり得ない。

本件ＤＮＡ鑑定の呪縛《じゅばく》を断ち、被告人に対し無罪判決を下すことこそが貴最高裁判所に委ねられた崇高な使命であると弁護人らが確信する所以《ゆえん》もまたそこにある」

そして、上告趣意書の作成と並行して、菅家さんの毛髪を入手して独自にＤＮＡ鑑定を行うことに着手しました。

日本大学の押田茂實教授に届けた菅家さんの九七年一月一一日付消印の私宛ての封筒に入っていましたが、その前に二度「失敗」していますので、菅家さんからＤＮＡ鑑定の資料を入手しようとしたのは、九六年中のことでした。

そして、九七年二月六日、押田教授のもとに菅家さんの毛髪を持参して鑑定を依頼しました。押田教授から菅家さんのＭＣＴ一一八型が一八—二九であると知らされたのは、九月になってからのことです（九月二五日付「検査報告書」〔押田鑑定〕）。

科警研と控訴審判決によれば、菅家さんのＭＣＴ一一八型は一八—三〇のはずでした。しかし、実際にはそうではなく、菅家さんのＭＣＴ一一八型は一八—二九だったのです。

科警研のＤＮＡ鑑定は間違っているのではないか、という疑問が生まれた瞬間でした。

最高裁へDNA再鑑定を請求

私は、最高裁判所に押田鑑定を添付して半袖下着と菅家さんからの資料を用いたDNA再鑑定を請求しました。それと同時に、東京高裁に無視された「DNA再鑑定に備えた半袖下着のマイナス八〇度Cでの保管替え」を最高裁に上申しました。今から一二年前の一九九七年一〇月二八日のことです。

しかし、最高裁はこれを無視しました。その理由は明らかではありませんが、担当調査官の後藤眞理子裁判官との面接の際に、「最高裁は事実審ではありませんので……」と言われたのが、聞くことができた唯一の理由らしきものでした。

私は後藤調査官に「最高裁が事実を取り調べる必要はない。最高裁は、DNA再鑑定を命じればよく、鑑定するのは鑑定人なのだ」と訴えたのですが、無駄でした。半袖下着の保管替えは、いわば現状維持の上申ですので、最高裁としても当然認めるべきものでした。しかし、最高裁はこれも無視しました。

ところで、私たちがDNA再鑑定を最高裁に請求した九七年一〇月は、事件から七年しか経っておらず、時効までまだ八年ありました。仮にこの時点で最高裁がDNA再鑑定を命じておれば、菅家さんの無実が明らかになっただけでなく、犯人のＤＮＡ型も判明し、犯人逮捕の手掛かりが得られたに違いありません。本件に関与した元最高裁判事の一人（弁護士出身のＫ氏）は、「ベストにベストを尽くした」と弁明しました。完全に言葉遣いを間違えています。最高裁は、菅家さんの拘束を続け（一つ目のワースト）、犯人を逃した（二つ目のワースト）のであり、「ワーストにワーストを重ねた」というべきです。

そして、最高裁（亀山継夫裁判長、河合伸一裁判官、福田博裁判官、北川弘治裁判官、梶谷玄裁判官）は、三年後の二〇〇〇年七月一八日、つぎのように理由を述べて、上告を棄却しました。

《記録を精査しても、被告人が犯人であるとした原判決に事実誤認、法令違反があるとは認められない。

なお、本件で証拠の一つとして採用されたいわゆるＭＣＴ一一八ＤＮＡ型鑑定は、その科学的原理が理論的正確性を有し、具体的な実施の方法も、その技術を習得した者により、科学的に信頼される方法で行われたと認められる。

したがって、右鑑定の証拠価値については、その後の科学技術の発展により新たに解

明された事項等も加味して慎重に検討されるべきであるが、これを証拠として用いることが許されるとした原判決は相当である》

最高裁は、科警研のＤＮＡ鑑定の証拠価値について「その後の科学技術の発展により新たに解明された事項等を加味して慎重に検討されるべき」としながら、それを証拠として用いることは許されるとし、菅家さんが犯人であるとした控訴審判決に事実誤認はないと判断したのです。

再審請求へ

最高裁の決定は郵送されてきますので、法廷で判決を聞くような緊張はありません。既に後藤調査官との面談を通じて、最高裁にはもはや期待できないという感触を得ていたこともあって、最高裁から決定が届いても、控訴審で控訴棄却されたときのように落胆はしませんでした。

菅家さんにも決定が届きました。私は、菅家さんと接見し、「再審請求してＤＮＡ再鑑定を求めるしかないが、しばらく時間が掛かる」と述べました。菅家さんは、大きく肩を落としました。

無期懲役判決が確定すると、菅家さんは服役することになり、今までのように自由に接見を行うことができなくなります。弁護人との接見にも刑務官が立ち会うことになるのです（なお、服役中の受刑者と弁護人が刑務官の立ち会いなくして接見できた例があることを最近知りました）。そこで、私は、再審請求に備えて、事件に関する菅家さんの肉声を可能な限り録音しておこうと考え、時間の許す限り、東京拘置所に通って、菅家さんと接見しました。

やがて刑が確定し、菅家さんは千葉刑務所で服役することになりました。「下獄」が地獄を味わうことを意味したことを菅家さんの釈放後初めて聞いて自らの不明を恥じましたが、菅家さんは刑務官が立ち会う接見では弁護士にも本当のことを伝えることができず、一人でじっと耐えていたのです。

一方、私たちは、日本弁護士連合会（日弁連）に再審請求を支援してほしいという申立てを行い、その支援決定を得て、新たに札幌の笹森学弁護士、宇都宮の渋川孝夫弁護士、澤田雄二弁護士らが加入した再審弁護団を結成しました。

不合理なように思えますが、判決が確定するまでは、国選弁護制度があるために、日弁連が個別の事件を支援することはありません。つまり、それまでは、菅家さんの弁護は完全に手弁当で行わなくてはならなかったのです。最初に西巻さんらから弁護を依頼されたとき弁護費用として一〇〇万円が用意されていました。しかし、それは一審記録の謄写費用で吹き飛び、以後はすべて私個人が費用を負担してきました。日弁連の支援決定が得られると、記録の謄写費用、交通費、宿泊費、鑑定費用など実費は日弁連が負担することになります。私にとって、新たな弁護人の加入もさることながら、この経費面でのメリットが大きかったと言えます。私は、過去九年間で一〇〇〇万円以上を支出していたのでした。

私たちが宇都宮地裁に再審請求したのは、一年半後の二〇〇二年一二月二五日のことです。

新証拠として、DNA鑑定に関する押田鑑定のほかに、新たに鈴木庸夫《つねお》山形大学名誉教授による「死体所見に関する法医学鑑定」(鈴木鑑定)を提出しました。鈴木鑑定は、「真実ちゃんの死体所見は真実ちゃんが水を吸引していることを示しており、菅家さんの自白と矛盾する」というものでした。最高裁段階で提出した押田鑑定について、最高裁は判断を下していませんので、再審請求に必要な新証拠の「新規性」の要件に欠けることはありません。そして、このこと自体は、宇都宮地裁の再審請求棄却決定も認めました。

衝撃の再審請求棄却決定

宇都宮地裁での再審請求を最初に担当した飯渕進裁判長は、再審請求から二年半後の二〇〇四年七月一二日、半袖下着の保管替えの申立てを認め、自治医科大学の法医学教室の超低温冷蔵庫での保管委託を行いました。これはもちろんＤＮＡ再鑑定を前提としたものでしたから、私たちはＤＮＡ再鑑定が命じられるものと考えました。

しかし、飯渕裁判長は、真実ちゃんの死因に関する鈴木教授の証人尋問を実施しただけで、ＤＮＡ再鑑定に踏み切ろうとはしませんでした。飯渕裁判長は、二〇〇六年三月に転勤が予定されていましたので、三月末までに再審請求について判断を下すものと思われました。証拠調べを終了した重大事件について判断を示さないまま裁判長が転勤することは普通はないからです。

ところが、何故か、飯渕裁判長は、足利事件について判断を示さないまま転勤し、池本壽美子裁判長に交代し、主任裁判官も新任の佐藤裕子《ゆうこ》裁判官に交代しました（右陪席は、中尾佳久裁判官）。完全なリセットです。また一から出直さなくてはならないと覚悟を決め、池本裁判長らとの面談に臨みました。

池本裁判長は、真実ちゃんの死因について新たに弁護側が提出した村井達哉元慶応大学教授の鑑定書に注目し、村井証人の尋問を決めました。私は、裁判所も真実ちゃんの死因について究明すべきものがあると考えていると前向きに受け取り、村井証人の尋問に取り組みました。村井証言は、「真実ちゃんの首に扼痕《やっこん》は認められるが、扼死《やくし》の所見は乏しく、死因はむしろ溺死《できし》と考えるべきである」というものでした。これに対し検察官からさしたる反対尋問もなく、何よりも池本裁判長が真剣に証言を聞いていましたので、私は、池本裁判長の心証は再審開始に傾いているものと考えました。

残るは、DNA再鑑定です。私は、池本裁判長に以下の文章を示しました。

「DNA型鑑定は、その初期において、『究極の鑑定』として決定的な証拠であるかのような誤解を与えていた可能性がある。従前の血液型鑑定が四類型に分類されていたのに対し、DNA型鑑定は、多くの類型が判明していたことから、その識別力に過度に着目したためである。

しかし、その鑑定には問題点を内在するものも少なくなく、その証明力にはおのずと制約があった。しかし、その技術が時代と共に格段の進歩を遂げた結果、DNA型鑑定の証拠価値は、現段階においては、少なくとも他の証拠資料との総合評価をすることにより、極めて有力な証拠の一つとなりうるという認識で確立されていると思われる。……（中略）……

ＤＮＡ型鑑定は、現場試料から被疑者を特定することと同時に、被疑者でない者を捜査対象から除外するという側面も有しているると評価できるのであって、なお、将来性の豊かな証拠であるといえよう」

わが国で初期のＤＮＡ鑑定が「『究極の鑑定』として決定的な証拠であるかのような誤解を与えていた可能性がある」。しかし、ＤＮＡ鑑定は無実の証拠ともなり得るから、なお、「将来性の豊かな証拠であるといえよう」。これは、足利事件について、私たちが説いてきたことそのものです。

ところが、この筆者は、何と、足利事件の最高裁調査官だった後藤眞理子裁判官であり、この記述は、足利事件の最高裁決定をめぐってのものだったのです（「ＤＮＡ型鑑定」『刑事事実認定重要判決50選　下』（立花書房、二〇〇五年））。わが国で「究極の鑑定」として「決定的な証拠であるかのような誤解を与えていた可能性」のある「初期」のＤＮＡ鑑定とは、足利事件のDNA鑑定にほかなりません。

足利事件のDNA鑑定の証拠価値について、もともと後藤裁判官も疑問を持っておられたのかも知れませんが、それにしても、あまりに遅すぎた「反省の弁」でした。

DNA再鑑定を認めなかったのは、科警研への配慮か

そこで、私は、池本裁判長に、足利事件の最高裁決定の「(DNA)鑑定の証拠価値については、その後の科学技術の発展により新たに解明された事項等も加味して慎重に検討されるべきである」という判示は、(最高裁判所は、事実審ではないから、DNA再鑑定を行わなかったけれど)再審請求審である宇都宮地裁はDNA再鑑定を積極的に行うべきであるというメッセージであり、後藤裁判官の新たな「解説」は、そのことをより明確に述べたものであると、口頭でも、書面でも、繰り返し指摘しました。

しかし、池本裁判長は、DNA再鑑定に踏み切ろうとしませんでした。DNA再鑑定の結果が分かっている今、何故だったのかと改めて思います。答えは池本裁判長に聞くしかありませんが、私の推測では、DNA再鑑定を命じることは、科警研、すなわち「権威」に対する疑問の表明にほかならないと池本裁判長は考え、DNA再鑑定を命じる勇気がな

かったのだと思います。当時はなお、足利事件のＤＮＡ鑑定は、科警研の「金看板」だったのです。実際、科警研は、最高裁決定を援用して「科警研のＤＮＡ鑑定は最高裁でも認められた」と宣伝していました。

池本裁判長は、私たちに「ＤＮＡ再鑑定を命じないで、裁判所の判断を示したいと思います」と宣言し、やがてその日時として、二〇〇八年二月一三日午前一一時が指定されました。

まだ一年半前の出来事ですので、よく覚えていますが、私は、当日午前一〇時に東京高裁で別の刑事事件に臨む必要があったことから、宇都宮地裁に赴くことができず、霞ケ関《かすみがせき》の日弁連の一室で、笹森学弁護士からの電話を待っていました。「請求棄却」と聞いたとき、控訴審で「控訴棄却」されたときと変わらないショックを受けました。菅家さんがいる千葉刑務所には神山啓史弁護士と松本恵美子弁護士が待機していましたので、菅家さんにもすぐに結果が届くことになっていました。そのとき菅家さんはどんなに落胆するだろうかと思いながら、私は心の中で「菅家さん、ごめんなさい」と繰り返していました。

菅家さんとは翌日接見しましたが、そのときの様子がテレビで放映され、あまりに憔悴《しょうすい》しきった私の様子が映し出されました。心配した知人から「大丈夫か。頑張れ」という励ましのメールが届いたほどです。

しかし、これも鮮明に覚えていますが、既に前日のショックから立ち直っていた菅家さんは、希望を捨てていませんでした。私が菅家さんを励まさなければならないのに、逆に私が菅家さんから励まされて、千葉刑務所をあとにしたのです。

棄却決定に対する即時抗告の申立期間は、翌日から五日（土日を含む）です。千葉刑務所から横浜の自宅にそのまま帰って、パソコンに向かいました。以後、自宅に籠《こ》もって棄却決定と取り組みましたが、読めば読むほど、池本裁判長をはじめとする宇都宮地裁の三人の裁判官の不十分な判断に怒りがこみ上げてくるのを抑えられませんでした。

菅家さんの毛髪ではない？

菅家さんが犯人であることに合理的な疑いはないと判断した宇都宮地裁の再審請求棄却決定が、宇都宮地裁の一審無期懲役判決、東京高裁の控訴棄却判決、最高裁の上告棄却決定に続く、四番目の誤判であることは今や明白です。そこで、その点に関する再審請求棄却決定の判断も重要ですが、ここでは池本裁判長が弁護側のＤＮＡ再鑑定についてどのように述べたのかをみておこうと思います。

再審請求棄却決定は、つぎのように述べました。

「弁護人は、押田報告書により、本件DNA型鑑定の結果が信用できないことが明らかとなった旨主張する。

しかしながら、押田報告書を見ると、検査対象資料である毛髪は、東京拘置所在監中の請求人が弁護人佐藤博史宛てに郵送した葛飾《かつしか》郵便局の平成九年一月一一日付け消印のある封筒内に納められたビニール袋入りの毛髪四十四本のうち四本であり、同年二月六日に日本大学医学部で押田に交付された趣旨の記載があるが、この毛髪の採取過程に関する記載はなく、弁護人が提出した書面などを検討しても、毛髪の採取過程の裏付けとなる資料は見当たらない。

検査対象資料が請求人由来のものであることの疎明がないということは、検察官からつとに明確に指摘されているところであるが（平成一六年四月一四日付け意見書六頁参照）、その指摘後も請求人からこれに関する資料の提出はなされていない。このように、検査対象資料である毛髪が、現実に請求人の頭髪から採取された毛髪であることの裏付けがないということは、事柄が資料の同一性というういわば全か無かという関連性そのものに関わるものだけに、証拠価値に与える影響は決定的といわなければならない。
したがって、検査対象資料の来歴に関する裏付けのない押田報告書にあっては、その証拠価値は極めて乏しいというほかない」

もっともらしく書かれていますが、要するに、私たちが独自に行ったDNA再鑑定は菅家さんの毛髪を用いたものかどうか分からないから、菅家さんのMCT一一八型は一八―二九であるとした押田鑑定の証拠価値は極めて乏しいとして、それ以上の判断をしなかったのです。

しかし、仮に裁判所が菅家さんの毛髪かどうか疑問があると思ったのなら、その点について明確にするように弁護人に求めれば済むことです。棄却決定の指摘を受けて、日大法医学教室を訪ねて確認したところ、菅家さんが書いた私宛ての封筒と未使用の毛髪がきちんと保管されていました。未使用の毛髪が本当に菅家さんのものなのかどうか、厳密に言えば、裏付けがないということもできるでしょう。しかし、菅家さんは千葉刑務所にいるのです。そこで、私たちは、即時抗告後、千葉刑務所長に対し、「刑務官立会いのうえで、菅家さんからDNA鑑定資料を採取したいので認めてほしい」と申し出ました。すると、千葉刑務所長から、「法令上の根拠がないので、協力しかねる」という丁重な返事が届きました。その書面は、東京高裁に証拠として提出しましたが、要するに、棄却決定は、自らがなすべきことをせず、私たちに不可能なことを強《し》いたものだったのです。

そして、このことは、誰にでも分かることでした。マスコミも、「裁判所はなぜＤＮＡ再鑑定を命じないのか」と棄却決定を一斉に批判したのです。社説でその旨論じた新聞もありました。

ＤＮＡ再鑑定は、その年の暮れに、東京高裁が命じましたが、いま考えると、池本裁判長のあまりにも理不尽な棄却決定が、マスコミの目をＤＮＡ再鑑定に向けさせるきっかけになったと思います。

再審請求が棄却されれば、マスコミから見捨てられるのが普通です。私もそれを覚悟していました。しかし、棄却決定の半年前から精力的な取材をしていた日本テレビは、棄却決定をものともしないで、菅家さんは無実ではないのかという報道を続けました。さらに、テレビ朝日が足利事件を題材にＤＮＡ再鑑定の必要性を訴えました。やがて他のマスコミも、東京高裁での即時抗告審の行方に注目し始めたのです。

「足利事件、DNA再鑑定へ」

二〇〇八年二月一八日、即時抗告申立書を東京高裁に提出し、事件は、東京高裁第一刑事部に係属しました。裁判長は田中康郎裁判官でした。一五年前に私が菅家さんの弁護人になることを決意し、当時野村證券事件で弁護人だった神山弁護士を誘い込んだことは前に述べましたが、そのときの裁判長が何と田中裁判官だったのです。この事件も途中で否認に転じ、私たちが弁護人になった事件でしたが、無罪判決が下るものと信じ切っていたのに、田中裁判長によって有罪実刑判決を下されました。

さらに、足利事件の再審請求棄却決定の日、私が東京高裁で臨んでいた刑事裁判とは、田中裁判長のもとで無罪を争っている巨額脱税事件の第一回公判でした。私は、控訴審で弁護人になったのですが、控訴趣意書を提出したあとも、つぎつぎと控訴趣意補充書を書き上げ、多数の証拠書類と証人の請求をしたうえで第一回公判に臨んだのです。しかし、田中裁判長によって、被告人質問を含むすべての証拠調べを却下され、即日結審して、判決日を指定されたのです。

私が足利事件の再審請求棄却を聞かされたのは、それから三〇分ほど経過したのちのことで、二〇〇八年二月一三日は、私にとって、ダブルパンチを受けた人生最悪の日でした。

即時抗告申立書を提出したのち、足利事件の即時抗告審の担当裁判長が田中裁判長と知って、私は正直「参ったな」と思いました。東京高裁の裁判長も経験した元裁判官にそのことをメールで知らせると、「ご愁傷様」という返事が来たほどです。

しかし、刑事弁護人に絶望することは許されません。こうなった以上、正攻法で進むしかないと覚悟を決めて、裁判所に三者協議を求めました。控訴棄却となるに決まっている脱税事件とまったく同じ三人の裁判官との面談は奇妙なものでしたが、田中裁判長以下三人の裁判官が、予想外に熱心かつフランクだったことが印象に残っています。私たちは、五月二三日に改めてDNA再鑑定の請求を行いました。しかし、宇都宮地裁の棄却決定が排斥した弁護側の二つの法医学鑑定を補強することによって突破口を開いていくしかないと考えていましたので、八月末までにこの点について二人の法医学者から補充意見書を書いてもらう予定であることを伝えました。

DNA再鑑定の必要性も訴えましたが、その段階ではまさか田中裁判長がDNA再鑑定に関心を寄せているとは考えもしませんでした。法医学鑑定によって菅家さんの自白に疑問が生じなければ、DNA再鑑定に踏み切ってはもらえないだろうと思い込んでいたのです。

私は、夏期休暇を法医学鑑定の補強に費やし、九月初めに法医学の鑑定補充書を裁判所に提出したうえで改めて三者協議の申入れを行いました。二人の法医学者の再尋問を実現するためでした。

ところが、裁判所から返ってきた返事は、「裁判所は、弁護人から五月に提出されたDNA再鑑定の請求について検察官の意見を求めているところなので、一〇月末までと予定されている検察官の意見書の提出を待って三者協議の日程を入れることにしたい」というものだったのです。

これが東京高裁がDNA再鑑定に関心を持っていることを知った最初の機会です。

そして、一〇月一五日、検察官の意見書が提出されました。意見書は、DNA再鑑定は不必要と主張しながら、「仮に裁判所がDNA再鑑定に踏み切る場合には以下のような方法によるべきである」として、その方法を示していました。検察官もDNA再鑑定に強く反対しないことが窺《うかが》われるものだったのです。さらに、書記官から「裁判所は、DNA再鑑定を実施する方向で考えているので、検察官の意見書のうち、DNA再鑑定を実施することを前提に書かれた部分について弁護人の意見を述べてほしい」という連絡がありました。

ＤＮＡ再鑑定が実現するかも知れないと思った瞬間です。

検察官の意見書が提出されたものの、弁護人の意見書が求められていて、裁判所の判断が示されていない段階で、この情報をマスコミに流すことはためらわれました。しかし、極めて重要な情報です。そこで、親しい数名の記者に電話で話すと、一人の記者は、検察官意見書を見せてほしいと言い、直ちに事務所に来ました。また、ある記者からは「是非コピーをほしい」と言われ、スパイ大作戦もどきですが、私が早稲田大学に講義に向かう途中の駅ですれ違いざまに封筒を渡しました。

すると、その晩、「東京高検のある検事が、東京高裁がＤＮＡ再鑑定に踏み切ることに検察として反対はできないだろう、とコメントしたので翌日報道する」という連絡が某記者から入り、ついで、某テレビ局が深夜に報じたことから、私の自宅の電話は午前二時近くまで鳴りっぱなしの状態になりました。

翌一六日、笹森弁護士や渋川弁護士の事務所にも電話が殺到し、収拾が付かなくなったため、急遽《きゅうきょ》記者会見して、検察官意見書の概要と裁判所からの連絡について公表しました。

こうして、「足利事件、ＤＮＡ再鑑定へ」という報道が一斉になされました。

いま振り返れば、そのときが足利事件に光が灯《とも》った瞬間でした。

最高のクリスマス・プレゼント

その後、笹森弁護士を通じて知った本田克也筑波大学教授の研究室を訪ねるなどして弁護側意見書を書き上げ、一か月後の一一月一五日に提出しました。さらに補充書も提出したあと、一二月一九日に、念願の三者協議が開かれました。

三者協議では、DNA再鑑定に向けた意見を交換し、鑑定人を検察官推薦の鈴木廣一大阪医科大学教授と弁護人推薦の本田教授とすること、鑑定事項は半袖下着の遺留精液と菅家さんのDNA鑑定資料のDNA型の異同とすること、裁判所は鑑定命令を一二月二四日までに下すことなどが決まりました。菅家さんと接見ができる年内の最終日が一二月二五日だったため、一二月二四日までに決定してほしいという要望を裁判所も聞き入れてくれたのです。

一二月二四日はクリスマスイブですが、この日執務時間も過ぎた午後五時三〇分に裁判所からようやく電話があり、すぐに裁判所に赴きました。DNA再鑑定を命じた決定書を手にして、直ちに記者会見に臨み、裁判所を出たとき、時計は午後七時を回っていましたが、夜空を見上げて「菅家さん、クリスマス・プレゼントが届いたよ」と呟《つぶや》きました。菅家さんの毛髪を手に入れて、科警研のＤＮＡ鑑定は間違っているのではないかと考えてから、一二年の歳月が流れていました。

翌二五日、菅家さんに、裁判所の決定書を見せながら、「良かったね。長かったけれど、ようやく光が灯った。もう少しだけど、頑張ろう」と言ったとき、菅家さんも泣いていました。

宇都宮地裁の再審請求棄却決定からわずか一〇か月で、ＤＮＡ再鑑定命令を手にすることができるとは夢にも思っていませんでした。

こうして、菅家さんに最高のクリスマス・プレゼントが届いたのです。

再鑑定に関する不安

菅家さんが無実である以上、菅家さんのＤＮＡ型が犯人のＤＮＡ型と一致するはずがありません。ＤＮＡ再鑑定が行われれば、菅家さんの無実は証明されると、私は確信していました。菅家さん自身、逮捕から二か月後の家族に宛てた手紙で、ＤＮＡ鑑定は間違っているとはっきり書いています。「ＤＮＡ再鑑定をすれば、自分の無実は明らかになるはずだからＤＮＡ鑑定をやり直してほしい」と菅家さんは言い続けてきました。そのことからも菅家さんが無実であることが分かると言った人がいますが、そのとおりだと思います。菅家さんが犯人であれば、DNA再鑑定をやり直してほしいというはずがないからです。

しかし、一抹《いちまつ》の不安もありました。最も現実的な不安は、半袖下着は、最初血液型鑑定に使われ、ついで科警研のDNA鑑定で使われていましたので、遺留精液が残っているとしても極わずかしかないと考えられたことです。しかも、マイナス八〇度Cで保存されるべきなのに、一四年間も常温で保管され、精液のDNAが分解していることが懸念されました。量的にも少ないうえに、質的にも劣化している可能性が高く、「鑑定不能」という鑑定結果になることが危惧されたのです。実際、袴田《はかまだ》事件の再審でもDNA鑑定が行われましたが、味噌樽《みそだる》から発見された「犯行着衣」の鑑定結果は「鑑定不能」でした。

さらに、警察は、菅家さんの精液が付着したティッシュペーパーを入手し、これを半袖下着と一緒に科警研に持ち込んでDNA鑑定を行いました。そして、半袖下着を超低温保存しなかったことからも分かるように、捜査官にDNA鑑定の知識は皆無でした。つまり、警察官が誤って菅家さんの精液を半袖下着に付けたりした場合は、「一致」という鑑定結果が出ることもあり得たのです。

しかし、すべて杞憂《きゆう》でした。

年が明けて二〇〇九年一月二三日、半袖下着が保存してある自治医科大学で、二人の鑑定人に田中裁判長が質問したうえで、鑑定人が誠実に鑑定する旨宣誓する「鑑定人尋問」の手続が行われました。そして、予め解凍されて用意されていた半袖下着の精液付着箇所の穴の部分を辿りながらハサミで二つに切り分け、二人の鑑定人がそれぞれ持ち帰りました。

これが二人の鑑定人が鑑定資料である半袖下着を実際に見た最初の機会ですが、二人の表情に変化はありませんでした。鑑定が難しければ難色を示されると思っていたのですが、そうではなかったのです。二人の鑑定人が、鑑定結果は四月末を目処《めど》に書面で示すと約束したことも、二人の鑑定人が結果を出すことに自信を持っていることを示すものでした。

ついで一月二九日、千葉刑務所で、主任の杉山愼治裁判官、検察官、弁護人が立ち会って、医師でもある本田教授が、菅家さんから口腔《こうくう》粘膜と血液を採取しました。

このとき、杉山裁判官は、「菅家さん、私があなたの再審請求の担当裁判官です」と呼び掛けて、菅家さんに手続の説明をしましたが、思えば、菅家さんは、一九九六年五月九日に東京高裁で控訴棄却の判決を受けて以来、裁判官の顔を一二年半ぶりに見たのです。最高裁で弁論が開かれることは極めて稀《まれ》ですし、被告人は在廷しませんので、やむを得ないとしても、再審請求審である宇都宮地裁の裁判官が六年の間菅家さんに会おうとしなかったのは、どう考えてもおかしいと思います。菅家さんが無実かどうかは、私が菅家さんの無実を確信したのが菅家さんとの接見だったことからも分かるように、菅家さんに会ってみることがもっとも手っ取り早い方法と思います。しかし、わが国の裁判官は、書面を読むことで真実を見極めることができると確信（錯覚）しているのです。

こうして、二人の鑑定人の手元に半袖下着と菅家さんのＤＮＡ鑑定資料が届き、あとはＤＮＡ再鑑定の結果を待つだけになりました。

菅家さんの表情も、これまでになく明るく希望に満ちたものでした。

本田教授から聞かされたことですが、精子は、子孫に正しくＤＮＡ情報を伝える遺伝という重要な役割を担った細胞で、ＤＮＡの固まりといってもよく、かつ、最も厚い保護膜で守られており、皮膚片や血液などに比べ質量ともはるかに勝る最良のＤＮＡ鑑定資料なのだそうです。そして、他のＤＮＡによる汚染（コンタミネーション）についても、何カ所かの鑑定を行えば、本来の対象物か、汚染によるものかの見分けは容易に付くというのです。

一四年間常温で保管されていたとしても、また警察官が不用意に取り扱ったとしても、犯人の精液のＤＮＡ型の鑑定は確実にできるというのが本田教授のお考えでした。

無実が証明された瞬間

鑑定書が裁判所に提出される目処の四月末が近づくにつれて、マスコミから問い合わせが来るようになりました。しかし、私たちは本田教授に一切連絡をしないことにしていましたし、本田教授からも何の連絡もなく、「何も知りません」と答えるだけでした。ところが、四月一八日（土曜日）の夜、突然ある新聞社の記者が横浜の自宅に来て、「弁護側に有利な鑑定結果だったという噂が流れているが、何か知らないか」と言うのです。私は、「何も知らない」と答えました。週が明けた四月二〇日（月曜日）、共同通信がインタビューの申し入れをして来ました。答えるものを持たない私は、インタビューを断りましたが、そのとき記者が「二つの鑑定結果はともに一致しないというものです」と教えてくれたのです。そして、二〇日夜、共同通信発として「足利事件、ＤＮＡ鑑定不一致」との情報が流れ、その直後、日本テレビが同様に報じたのです。

あとから聞いたところでは、科警研がＤＮＡ再鑑定の結果を気にしており、警察庁が検察官推薦の鈴木教授から結果を聞き出したが、鈴木教授に本田教授の結果も伝わっていたことから、「いずれの鑑定結果も不一致だった」と警察庁から情報が漏れた、とのことでした。

あとで本田教授から聞いたことですが、この情報漏れの結果、本田教授の元にマスコミが殺到し、本田教授は、外部からの侵入も可能な研究室のパソコンを使うことを止め、自宅のパソコンにデータの移し替えの作業を行わざるを得ず、大変な思いをされたのだそうです。足利事件の悲劇は、警察庁のリークから始まりましたが、DNA再鑑定でも、警察庁のリークが弁護側に災いをもたらしたのです。しかし、私は、当時本田鑑定が「危機」に瀕していたことを知らなかったのです。

裁判所に確認すると、二人の鑑定人からの鑑定書の提出は連休明けになるとのことで、「果報は寝て待て」と言い聞かせて、ゴールデンウィークを過ごしました。

そして、五月八日午後一時三〇分、東京高裁第一刑事部で、三月末に札幌高裁長官に転出した田中裁判長に代わった矢村宏裁判長から、検察官、弁護人双方に二通の鑑定書の写しが交付されました。急いで鑑定書の結論部分に目を通すと、両鑑定とも半袖下着の精液と菅家さんのDNA型は一致しないと明記されていました。菅家さんの無実が証明されたことを知った瞬間です。

当日午後五時から記者会見が予定されていました。ところが、矢村裁判長は、鑑定書に対する検察官、弁護人双方の意見書の提出期限を六月一二日と定めたうえで、「二通の鑑定書は、裁判所が再審のために得た証拠であるから、裁判所が判断を示す前にマスコミで報道されることは好ましくない。そこで、鑑定書の内容についてはノーコメントで通してほしい」と鑑定書の公表禁止を命じたのです。私は、直ちに「このような重大な証拠を公表しないことはできません。裁判所のそのような命令には従えません」と述べました。

すると、矢村裁判長は「そのような場合にはサンクション（制裁）がある」と言い、言い過ぎと悟ったのかすぐに「サンクションという言葉は取り消すが、ノーコメントで通してほしいということに変わりはない」と言い切りました。そこで、私は、「マスコミに裁判所の考えは伝えたうえで、私の責任で公表する」と述べ、平行線のまま、協議が終わりました。

私は、午後一時から始まっていた民事事件の証人尋問に遅れて出席し、午後三時過ぎに事務所に戻り、二通の鑑定書に急いで目を通して、記者会見用のコメントを用意しました。その時点で二人の鑑定人の名前は、警察庁のリークによってマスコミには知れ渡っていましたが、私たちのスタンスを明確にするために、氏名は伏せたうえで二つの鑑定結果の概要はそのまま公表しました。

翌日の朝刊各紙の一面トップは異口同音に「足利事件、再審開始へ」というものでしたが、矢村裁判長から一切の苦情はありませんでした。

一七年半ぶりに菅家さんは釈放された

五月八日午後五時からの記者会見で、「菅家さんの無実が証明されて、今後どうするのか」と聞かれて、私は「人身保護法に基づく釈放請求くらいしか思い付かない」と答えるのが精一杯でしたが、名張《なばり》事件の弁護人でもある神山弁護士から、刑事訴訟法四四二条但し書きに、再審請求した場合に検察官に刑の執行を停止する権限を認めた規定があると教えられました。

私は、自著(前掲『刑事弁護の技術と倫理—刑事弁護の心・技・体』)で、「再審弁護の技術と倫理」を論じていましたが、刑訴法四四二条但し書きについては知りませんでした。この条文は、身代わり犯人だと分かったときに検察官が再審請求し、同時に、刑の執行を停止するような場合に使われていたのです。週末にそのことを勉強しました。

五月一一日(月曜日)の朝、千葉刑務所で菅家さんに接見しました。不思議なことに、それまでの接見では、菅家さんから「何時《いっ》出られるのでしょうか」と聞かれ、その都度「もう少しの辛抱だ」と言い続けてきたのですが、このときに限って、菅家さんは「何時出られるのか」と聞かないのです。そこで、私から「実は、検察官に刑の執行停止の権限があることが分かったので、来週にもその申立てをするのでしばらく待ってほしい」と言ったのです。

刑務所の外で待っていたマスコミに菅家さんとの接見の模様を話すうちに、にわか仕込みの刑訴法四四二条但し書きのことを話したところ、その日のお昼のニュースで「足利弁護団、刑の執行停止の申立てへ」と報じられ慌ててしまいました。実際に刑の執行停止の申立てをしたのは、それから一週間以上が経過した五月一九日のことでした。

その日東京高検の公判部長は、私たちとの面談に応じ、「DNA再鑑定の結果についていたずらに時を過ごしているのではない。公正に取り扱いたい」と述べたので、検察官も真剣に取り組んでいることは分かりましたが、進展は見られませんでした。

そこで、六月一日、刑訴法五〇二条に基づく刑の執行に関する異議の申立てを宇都宮地裁に申し立て、裁判官との面談日を六月五日と定めました。

そのころ、検察官は、六月一二日の意見書の提出期限を待たずに、意見書を提出し、同時に菅家さんを釈放することを考えているようだという情報がもたらされました。そこで、六月三日、担当の山口幹生検事に電話して、「検察官は意見書を一二日よりも前に提出して同時に釈放するのではないかという情報に接したが、その可能性はあるのか。釈放に備えて準備する必要がある」と問い合わせました。ところが、山口検事は、「一二日までに提出します」という分かりきった答えをするだけでした。そこで、「その可能性はあるという答えで十分なのだ」と聞いても、山口検事は、同じ答えを繰り返すだけでした。

しかし、翌六月四日午前一〇時、検察官は、「本日意見書を提出し、菅家さんを釈放することにした」とマスコミに公表し、同時に弁護人に連絡したのです。当日、一〇時三〇分過ぎに事務所に着いた私は、その直前にそのことを知らされ、玄関で待っていた数台のテレビカメラの前で、「逮捕もいきなりなら、釈放もいきなりなのか」と思わず怒鳴ってしまいました。菅家さんの釈放を求め続け、それが実現したというのに、その直後は素直に喜ぶことができませんでした。検察官は、菅家さんをいきなり放り出し、あとは弁護人まかせで平然としているのです。

千葉刑務所に検察官の釈放指揮書が届いたのは午前一一時過ぎでした。菅家さんが刑務所の処遇の部屋で「釈放」と書かれた書面を見せられたというのはこの釈放指揮書だと思います。

車その他の手配を終えて、当日午後三時三〇分過ぎに千葉刑務所に入り、西巻さんと一緒に通された部屋で待っていると、菅家さんが姿を現しました。「よく頑張ったね」と声を掛けると、菅家さんも涙ながらに「ありがとうございました」と言い、握手しました。菅家さんの手を初めて握りました。菅家さんの弁護人になって一五年九か月の歳月が経っていました。用意した車で菅家さんと一緒に刑務所の門を出たのが午後三時四七分でした。

こうして、菅家さんは一七年半ぶりに自由を回復したのです。

菅家利和

第六章　釈放後の想い
「私の十七年半を返してほしい！」

自由な世界

塀の中と自由な世界はまったく違います。

釈放されて、外に出たあとしばらくは、いろんなことがピンときませんでした。

記者会見のホテル（千葉市中央区のホテルグリーンタワー千葉）まで車で移動しながらも、なんだか昔よりもお店がいっぱいあるなあ、とボーッとしながら眺めているような感じでした。

それでも、そのうち「これがシャバの空気だ」「刑務所の中とは違う」と実感できるようになりました。

見上げるのは同じ空なのに、外と刑務所とはまったく違う空に見えました。

これが自由な世界なんだ。

そう思うと、自然に涙がこぼれてきました。

釈放、そして二人の恩人との再会

釈放されたのは、六月四日のことです。

午前九時半頃に、作業をしていた工場に処遇の先生（刑務所職員）が来て、「菅家、行くぞ」と言われました。処遇の部屋に呼ばれるのは懲罰のときですが、自分には思いあたることがありません。そこで何のことだろうと思いました。

佐藤先生たちが刑の執行停止を求めてくれているのは知っていましたが、それが認められるとしても、もっと先のことだろうと予想していたからです。

ただ、工場を出て、処遇の部屋へ向かううちに「もしかして、釈放かな」と、なんとなく思いました。それからしばらく待たされて、一一時過ぎになって、職員の人が「釈放」と書かれた紙を見せてくれたので、やっぱり、と喜びました。途中で、もしかして、とは思っていましたが、それでもその紙を見た瞬間は本当にびっくりしました。

そのとき私がどんな顔だったのか、自分では分かりません。おそらくきょとんとしていたはずですが、どう言っていいか分からないくらい嬉《うれ》しかったのは確かです。

午後三時半頃に外に出られるとのことだったので、昼食をとって荷物の整理をしてからシャワーを浴びました。それからまたしばらく話をしているうちに、釈放の時間が来ました。今まで通されたことのない部屋に入ると佐藤先生と西巻さんが迎えに来てくれていました。二人の姿を見ると、すぐに涙が出てきました。

佐藤先生と固く握手しました。それが佐藤先生と出会って初めての握手でしたが、手を取り合って、喜びを分かち合えたことがとにかく嬉しかったです。そのあと西巻さんも「よかったね」と言ってくれ、二人で泣きながら手を取り合いました。

第一審で西巻さんの励ましがなかったなら、いつまでも本当のことを言えずに、嘘の自白をしたままだったかもしれません。一審が終わりかけていたとき、梅澤弁護士に、私は犯人ではありませんという手紙を書けたのも、西巻さんが励ましてくれたからです。

そして、佐藤先生に助けてもらえなかったなら、DNA再鑑定が認められることも、こうして釈放の日を迎えられることも、絶対なかったと思います。

会ったこともなかった普通の主婦の西巻さんが私を信じてくれたこと、佐藤先生が私の弁護を引き受けてくれたことは、どれだけ感謝をしても足りません。

命の恩人ともいえる二人に迎えられて、外に出られたときの喜びは、とにかく言葉にできないほどのものでした。

再鑑定で証明された無実

ＤＮＡ鑑定の再鑑定が決まったときも、佐藤先生が面会に来てくれました。

昨年（平成二〇年）の一二月二五日のことです。

そのとき、佐藤先生だけでなく、再鑑定を決めてくれた裁判長（田中康郎裁判官）にもお礼を言いたいと思いました。

しかし、そのあと、刑務所のテレビで、犯人のＤＮＡが劣化していて鑑定ができない可能性もあると報じられ、「冗談じゃない！」と、やりきれない思いになったこともあります。しかし、「そんなことはない、絶対に大丈夫だ」と自分に言い聞かせてきたのです。

だからこそ、犯人のＤＮＡが残る半袖下着を二つに分けて鑑定人が持ち帰ったあと、私の採血のために佐藤先生や裁判官が千葉刑務所に来てくれたときには「これで自分の無実がはっきりする」と確信しました。

ただ、そうはいっても、それから結果が出るまでの三か月ちょっとのあいだは、やっぱり不安になることもありました。

自分が犯人でないことは、自分がいちばんよく知っていますが、鑑定がちゃんとできるのか心配だったのです。そして、万が一にも犯人と自分が同じ型ではないかと考えることもありました。

大丈夫かな。絶対に大丈夫だ。

そんなふうに不安と自信が行ったり来たりしていたのです。でも最後は「絶対、大丈夫」と自分に言い聞かせました。

そういうときに、仲の良い同房の受刑者が「絶対、鑑定できる」「絶対、大丈夫だよ」と励ましてくれたことでずいぶん救われたものです。第三章でも書きましたが、彼はDNA鑑定の結果が分かった時も、「自分のことのように嬉しい」と心から喜んでくれました。

鑑定結果が出たときも、佐藤先生に教えてもらいました。そして、本田先生の鑑定によると、科警研の鑑定そのものが誤っていたそうで、私はあらためて「一体どういうことなんだ」と思いました。

自由を奪われたらおしまい

釈放されてホテルに着くと、まずはコーヒーをもらいました。

私は昔からコーヒーが大好きでした。ホテルのコーヒーは、刑務所内で飲めるコーヒーとはぜんぜん違い、感動するほどおいしく思いました。

コーヒーに限らず、刑務所では食べられないものが食べられるというだけでも感激でした。翌日食べたチャーシューメンも、ものすごくおいしく感じました。

刑務所でラーメンが出てきても、あんなに立派なチャーシューは絶対に入っていません。それに、ラーメンも、私たちが食べる頃には、すっかり冷めていて、麵《めん》がのびています。ですから、あったかいラーメンが食べられるというだけでも感動するのです。

感動といえば、お寿司を食べたときには、溜め息が出ました。刑務所で生物《なまもの》が出ることはありません。世の中にこんなにおいしいものがあることを、すっかり忘れていたのです。

刑務所を出てすぐ、お店がいっぱいあるなと思いました。また、東京タワーが一番高いと思っていたのですが、東京タワーに行った時、周りに高いビルがたくさん建っていて驚きました。

テレビ局や新聞社の取材にも驚きました。

個人的にはカラオケが大好きで、刑務所の中でのど自慢大会に出たこともあります。いつか地元ののど自慢大会に出られたらいいな、という望みも持っています。橋幸夫が大好きで、橋幸夫の歌はほとんど全部歌えます。

都庁にも驚きました。私が逮捕される前にはまだ都庁は建っていなかったと思っていましたが、実際には一九九〇（平成二）年の一二月にできていたのだそうです。しかし足利にいた私にはその記憶がなく、実際に見たことがなかったのです。

刑務所で観るテレビでは、ニュースやドラマに都庁が映ることはあったので、すごいなとは思っていましたが、実際に見てみると想像以上でした。私は昔から石原慎太郎さんの大ファンで、亡くなった石原裕次郎さんとの兄弟は日本一の二人だと思っています。

しばらくして、一人で外出して買い物もでき、普通に過ごせるようになりました。

佐藤先生の家に泊めてもらっているあいだにレンタルビデオ店に行くと、レジの人からは「菅家さんですね、おめでとうございます」と握手を求められたりもしました。

そうやって観たいときに好きな番組や映画が観られるというだけでも、刑務所の中とはまったく違います。

「自分は釈放されたんだ」と実感できて初めて、今度は、「人間は自由が奪われたらおしまいなんだ」と、あらためて感じたことでした。

冤罪《えんざい》を訴える人たちを支援したい

釈放された翌日の六月五日には、霞ヶ関（東京都千代田区）の弁護士会館で免田栄さんと再会しました。

免田さんも冤罪事件の被害者です（免田さんは、一九四八年、熊本県内で夫婦二人が殺された強盗殺人事件の容疑で逮捕された。免田さんは、「自分の自白は、拷問で強要されたことからやむなくしたものであり、当日のアリバイはちゃんとある」と一審から主張していた。その後、一九五一年に死刑が確定。一九七九年に再審が開始され、アリバイが証明されたことなどから一九八三年に無罪判決が出された。事件発生からは三四年半以上が経っていた）。

私が東京拘置所にいたとき、免田さんは二度激励に訪ねてきてくれました。「私は以前、死刑囚で本当に辛い思いをしました。菅家さんは、若いんだから頑張ってください」と言ってくれました。今回は、たまたま上京されていたなかで「喜びを分かち合いたい」と免田さんのほうから面談を求めてきてくれたのでした。

免田さんは「お互いに笑顔でこの日を迎えられてよかった」と喜んでくれ、私も外で再会できて本当に感激しました。

「歳はいくつになったの？」と聞かれたので、「六二歳です。免田さんはおいくつですか」と返したら、「八三だよ」と言われました。それで私は「まだまだお元気じゃないですか」と言うと、免田さんは笑っていました。

免田さんを見ていると、自分のオヤジを思い出すことがあります。

オヤジが亡くなったのは私が逮捕されて二週間後のことで、オヤジは八一歳でした。免田さんはそのときのオヤジの年齢を超えているのです。

免田さんは、「最後は正しい者が勝つんです。自分のやっていることに信念を持ちなさい。また会いましょう」と言ってくれ、私は「協力して、冤罪で困っている人を助けていきたいと思います」と返事しました。そして、握手をして別れました。

釈放されたあとの記者会見でも話しましたが、今後は、冤罪を訴える人たちの支援をしていきたいと思っています。

何も悪いことはしていないのにこれだけつらい目に遭わなければならないという気持ちは、本人にしか分からないものです。

ですから、支援してほしいという声があれば、まずはその声を聞きに行きたいと思っています。

自分もつらい目に遭いましたが、いろいろな人に助けてもらったからこそ、私の今があります。私がこれから誰かを助けることができたなら、その恩返しになると思っています。

困っている人がいれば、放っておくことはできないし、冤罪の支援に限らず、ボランティアもしていきたいと思います。お年寄りや体の不自由な人のために何か手伝えることはないかとも考えています。

真実を知りたい

これから再審公判が控えていますが、すぐに無罪と認められればそれでいいのかといえば、そうではありません。納得できるまで、真実を解明してほしいと思います。

私は、一七年半という長い間、自由を奪われて苦しい思いをしました。

四五歳で逮捕されて、いまは六二歳です。そのあいだに父も母も亡くなりました。

逮捕されてすぐ、取り調べている警察官に「今、アニキから連絡があって、お父さんが亡くなったそうだ」と聞かされました。父があぶないということも聞いていなかったので、本当にショックでした。悲しくて泣きました。

父が亡くなった後は、無実が証明された身となって、母に会うことを目指していましたが、それもできずに母も亡くなりました。私は結局、親孝行どころか、両親を苦しめるばかりだったのです。そういうこともあって、そのかわりにお年寄りの方に喜んでもらえる何かができればとも思っています。

私が逮捕されてから母にも一度も会っていません。私は、どちらの親の死に目にも会うことができなかったのです。

無実の私がどうしてこんな目に遭わなければならないのでしょうか。

人間には誰にだって間違いはあると思います。しかし、無実の私を逮捕した警察は絶対に許せません。

逮捕されて二週間後、父が死んだと知らされたときには、警察に殺されたようなものだと思いました。母にしても、わが子が殺人犯として刑務所に入れられていることで、長いあいだ、苦しみ続けたに違いありません。

母はやさしい人で、いつも私の食べたいものを作ってくれました。母が作ってくれたカレーやシチューをまた食べたかったのですが、それもかないませんでした。母を旅行に連れて行きたかったのですが、それもできませんでした。

兄や兄嫁、弟や妹、甥《おい》や姪《めい》たちも本当につらい思いをしたはずです。

そういうことを考えると、警察を許せないという気持ちは一生変わらないと思います。

しかし、本当に悪いのは、警察を狂わせたDNA鑑定だったのではないかと思い始めています。

ともかく、簡単に無罪とされるだけでは絶対に納得できません。

いまこうして、刑務所の外での暮らしができるようになっても、周りの人たちはまだ、本当はあいつが犯人じゃないのか、という目で私を見ているようにも感じられるときがあります。

そんな不安は、すべての真実が明らかにされて初めて解消できると思います。

どうして私が逮捕され、どうしてずっとDNA再鑑定も認められず、一七年半も刑務所に入れられていたのか。

そのことが完全に明らかにならなければ気がすみません。

もし逮捕されていなかったら、私は、幼稚園のバスの運転手をずっと続けていたはずです。

幼稚園のバスの運転手になるまで、ほかの仕事もしましたが、この仕事が一番自分に向いていました。幼稚園の子供たちが、自分のことを「先生」と呼び、慕ってくれたのは本当に嬉しかったのです。あんなことがなければ、幼稚園のバスの運転手を一生続けていたはずです。

これからできるだけ早く、そういう仕事に就きたいと思っています。子供が好きなので、子供と接していると明るい気持ちになります。

足利市で生まれ育った私ですので、これからは足利市に住んで、両親の墓参りをしていきたいと考えています。

先日お会いした、足利市の大豆生田《おおまみうだ》実市長からは、市営住宅に住むことと、小学校のスクールバスの運転手になるお話をしていただきました。本当にありがたいことだと思います。

市長にお会いしたあと、真実ちゃんの遺体が見つかった河川敷に行って黙禱しました。そして、「おじさんが犯人じゃないことは真実ちゃんが知っているよね。苦しかっただろう。本当の犯人を絶対に捕まえるからね」と真実ちゃんに伝えました。もし、可能なら、できるだけ早く真実ちゃんのご両親に会って、直接、話をしたいという気持ちもあります。

殺されたとき、真実ちゃんは本当に苦しかったはずです。幼い子供をそんな目に遭わせて、殺してしまうなんて、絶対に許せません。犯人のことを考えると、いまでも怒りを抑えられません。

真実ちゃんの事件は時効になってしまいましたが、そんなことは、真実ちゃんにとっても、私にとっても、関係ありません。いまからでも犯人には出てきてほしいし、真実ちゃんに謝ってもらいたい。そして、真実ちゃんのご両親や私に謝ってもらいたいと思っています。

自由を奪われた一七年半

警察官、検察官、裁判官にもきちんと謝ってもらわなくてはなりません。そうでなければ、いくら再審で無罪になっても気持ちは晴れません。

足利市に戻った六月一七日の午前中には、栃木県警の石川正一郎本部長が私に謝ってくれました。とても優しい人で、直接会って話を聞き、この人なら許せると思いました。石川本部長が謝ってくれた時、私を取り調べた警察官も一緒に来ると思ったのですが、来ませんでした。彼らにも、私に会って謝ってほしいと思います。

最高検の次長検事も謝罪の記者会見を開いたそうですが、私のいないところで、謝罪のコメントなどを出されても、気持ちは少しも届いてきません。

裁判官は一人も謝っていません。

検察官や裁判官は、自分たちのメンツのことばかりが頭にあって、私たちのような立場の人間のことなど本気で考えていないのだと思います。

犯人を逮捕するのにDNA鑑定をやるのは構いませんが、そうであるなら、無実を訴える者には再鑑定をやってもらわなければ困るのです。求める者に対してはDNA鑑定を義務化する法律を是非ともつくってもらいたいと願っています。

私が失った一七年半を返してほしい――。

その気持ちが何よりも強くあります。

しかし、それが不可能だからこそ、私をこのようにした責任者全員に直接謝ってほしいと思います。そして、私のような目に遭う人間を絶対に出さないように約束してもらわなければなりません。

自由を奪われた一七年半は絶対に取り戻すことはできないのです。

第七章　裁判所は真実を闇に葬るつもりなのか

佐藤博史

本田鑑定の抹殺を画策する科警研とそれに追随する検察官

検察官が裁判所の再審開始決定を待たないで服役中の受刑者を釈放したことは、前代未聞の出来事です。千葉刑務所の刑務官も、無期懲役の受刑者を突然釈放したことはないと言っていました。

前代未聞のことが起きたのがDNA再鑑定の結果だったことは言うまでもありません。私は、DNA再鑑定を請求した時点から、「菅家さんはDNA鑑定によって有罪とされたが、DNA鑑定によって無罪になる」と言い続けてきましたが、本当にそうなったのです。

検察官が、裁判所の再審開始決定どころか、意見書の提出期限である六月一二日を待たないで菅家さんを釈放したことから、検察官は「全面敗北」を自認したと報じられました。

これまでの再審では、検察官は再審開始決定に対して争い（現在では、名張事件と布川《ふかわ》事件が有名です）、再審公判でも有罪の主張を維持するのが普通でした（島田事件で検察官は再審公判でも死刑を求刑しました）。私が関与した榎井村《えないむら》事件では、検察官は再審開始決定を争わず、再審公判でも論告求刑を放棄しましたが、しかし、再審開始決定前に吉田勇さんが無実であることは認めませんでした。その意味では、検察官は、足利事件で「全面敗北」したと言ってもいいと思います。

しかし、菅家さんの釈放を認めた六月四日付検察官意見書は、全面敗北などではなく、本田鑑定を抹殺しようとする科警研の姿勢を露骨に示したものだったのです。

五月八日に明らかになった二つのＤＮＡ再鑑定のうち、本田鑑定は、科警研にとって到底認めることができないものでした。何故なら、本田鑑定は、（ＳＴＲと呼ばれる比較的短い塩基配列部位を多数鑑定することによって出現頻度を低める手法〔ＳＴＲ法〕のほかミトコンドリア法によって半袖《はんそで》下着と菅家さんのＤＮＡ型が一致しないことを明らかにしただけでなく）ＭＣＴ一一八法の鑑定もし、犯人のＭＣＴ一一八型が一八―二四であることを突き止めたからです。本田鑑定は、同時に菅家さんのＭＣＴ一一八型が一八―二九であることを確認し、一二年前からの私たちの主張が正しく、宇都宮地裁の再審請求棄却決定がまことに愚かなものだったことも明らかにしました。

ところで、科警研のDNA鑑定によれば、犯人のMCT一一八型は一八―三〇でした。二九と三〇は一六塩基の違いですので、「当時としてはやむを得ない誤判定」と苦しい弁明も不可能ではないでしょう。しかし、二四と三〇では、一六×六＝九六塩基も違い、鑑定以前の誤鑑定と言わざるを得ないことになってしまいます。そのことを暴いた本田鑑定は、科警研にとって絶対に認めることができない再鑑定だったのです。

五月八日から四日後の五月一二日、検察官は、本田鑑定には疑問があるのでその検査データを示すよう求める「上申書」を提出したうえ、東京高裁の裁判官と密《ひそ》かに面談しました。そして、担当裁判官が本田教授に電話して「先生の鑑定書は分かりにくい。科警研が求めているので検査データを提出してほしい」と伝え、検察官の上申書をそのまま本田教授に送付したのです。

私たちは、このことを一切知らされていませんでした。一二日夕刻本田教授からの電話で検察官が上申書を出したらしいことを知り、翌日裁判所に確かめたところ、裁判官が密かに検察官と会い、本田教授に働き掛けていることが分かったのです。刑事訴訟規則は、裁判所が証拠調べについて決定する場合は、必ず相手方の意見を聴かなければならないと規定しています（同一九〇条二項）。本田鑑定の評価に関わり、かつ実質的には科警研が作成したに等しい検察官の「上申書」を、矢村裁判長らが弁護人に知らせることなく、採り上げたことに私は危機の到来を予感しました。

科警研の最後の悪あがき

その後、科警研は、DNA再鑑定の「不一致」という結果は、犯人の精液以外のDNAを増幅した可能性があるとして、栃木県警を通じて、半袖下着に触れた警察官からDNA鑑定資料の提供を、さらに、検察官を通じて、真実ちゃんのお母さんから真実ちゃんの臍《へそ》の緒やお母さんの口腔《こうくう》粘膜の提供を、受けたことが報じられました。

しかし、科警研のDNA鑑定で半袖下着からは一種類のDNAしか検出されていません。したがって、もし今回の鑑定結果が捜査官のDNAだとすると、その捜査官は一八年後に検出できるだけのDNAをDNA鑑定後半袖下着に付着させたことになります。しかも、犯人の精液を凌《しの》いでです。本田教授は、「警察官が精液を半袖下着に付着させた場合にしか起こり得ない非科学的な想定である」と喝破されました。そもそも、本田鑑定は抽出したDNAから男性にしかないY染色体を検出し、そのDNAのMCT一一八型が一八―二四であることを突き止めたのです。女性である真実ちゃんのDNAであるはずがありません。これもおよそ非科学的な想定なのです。科警研はもはや「科学」を冠する研究機関ではないことを暴露したというべきですが、検察官には、そのようなことさえ分からないのです。DNA鑑定について何も知らない検察官が、DNA再鑑定をどう評価すべきかが最大の争点になっている事件に関与していたのです。

そこで、私は、六月三日、裁判所に対し、科警研は一体何をしようとしているのか、本田鑑定よりも科警研のDNA鑑定の検査データこそを明らかにすべきではないか、と訴えて、検察官こそ釈明すべきであると「上申」しました。五月一二日の検察官の上申書にならったのです。ところが、裁判所は、検察官の粗探しの上申は、弁護人の意見も聞かずに、しかも裁判官が電話までして本田教授に伝えたのに、弁護人の上申については、検察官に釈明を命じないというのです。検察の動きは私にまで伝わっていましたから、裁判所にも翌四日の菅家さんの釈放が内密に伝わっていたのかも知れません。しかし、裁判所はどう考えてもアンフェアと言うしかありません。

そして、科警研の本田鑑定抹殺の思惑《おもわく》は、菅家さんの釈放を認めた六月四日付の検察官意見書に明記されました。そこには「鈴木鑑定が新証拠となるのは認めるが、本田鑑定は信用できないと考えており、追って科警研の意見を付し意見を述べる」とあったからです。

六月一〇日、最高検察庁の伊藤鉄男次長検事は、「真犯人と思われない人を起訴し、服役させたことについて大変申し訳ないと思っている」と謝罪会見を行いました。菅家さんは、「謝るというのなら、直接会ってそうすべきではないか」とコメントしましたが、検察官は、いまだに菅家さんに直接謝罪していません。

ご存じのように、六月一七日、石川正一郎栃木県警警察本部長は、菅家さんに直接謝罪しました。石川本部長の誠意ある言葉に接し、菅家さんは「許そうと思います」と述べました。釈放直後「警察を許すことはない」と言い続けていた菅家さんの心を一気に解いた石川本部長のような人物は検察にはいないのでしょうか。

ところで、伊藤次長検事の会見は、それだけにはとどまりませんでした。「最高検は、東京高検に対し、すみやかな再審開始と無罪判決のために適切に対応するよう指示した」と述べたのです。

これを受けて、東京高検は、翌一一日、再審公判では有罪立証を行わず、無罪の論告を行う予定であると発表しました。マスコミはこれも「検察の潔《いさぎよ》さ」と報道しました。

しかし、再審開始決定が下されていない段階で、検察が「早期の無罪判決を」と述べたことに私は危機感を覚えました。

検察が、本田鑑定を抹殺しようとする科警研を叱責《しっせき》し、科警研に「科学に忠実たれ」と、足利事件の教訓を正しく受け止めようとしているのならともかく、そうではなく、検察は科警研の言いなりだったからです。

実際、六月一二日の期限に提出された検察官意見書は、科警研意見書を添付して「本田鑑定は信用性がなく新証拠たり得ない」と主張し、本田鑑定の抹殺を企図したものでした。

東京高裁の不可解な態度

たとえ検察官が誤ったとしても、裁判所に真実を見抜く力があれば、冤罪《えんざい》を防ぐことができます。しかし、足利事件では、菅家さんの無実の訴えを、裁判所が四度にわたって虚偽だとして退けてきたのです。足利事件で最大の責任を負うべき者が合計一五名（地裁三、高裁三、最高裁五＋一、地裁三）の裁判官であることは言うまでもありません。

そこで、六月一二日にＤＮＡ再鑑定に関する弁護人意見書を裁判所に提出する際、私たちは菅家さんとともに東京高裁の三人の裁判官（矢村宏裁判長、杉山愼治裁判官、佐伯恒治裁判官）との面談を求めました。すると、裁判所は、これに応じたのです。

裁判官が被告人や（再審）請求人と直接会うことは、あまり前例がないと思います（公判前整理手続では被告人が同席することがあり得ますが、本件はそのような事件ではありません）。裁判官が菅家さんと面談するというので、私は、矢村裁判長から、例えば、「菅家さん、一七年半もの長い間身体を拘束したことについて裁判所にも重大な責任があります。菅家さんに無罪判決が下るまでまだ時間が掛かりますが、どうか辛抱して下さい」というコメントがあるのかと期待していました。しかし、矢村裁判長からそのような発言は一切なく、話があるのなら聞こうという態度だったのです。

そこで、私は、五月八日のＤＮＡ再鑑定書の交付以来の経過を振り返り、「矢村裁判長は、ＤＮＡ再鑑定書の公表を禁止されたが、私がそれに反して公表したところ、翌日の新聞には〝再審開始へ〟という裁判所の判断を先取りする見出しが躍りました。しかし、裁判所からは何も言われませんでした。ところが、裁判所は、五月一二日に密かに検察官と会い、本田教授に科警研のことに言及して検査データを追加提出するよう求められました。一方、裁判所は、六月三日、科警研の非科学性を指摘して行った弁護人の検査データの提出要求は却下されました。どう考えても公正ではありません。

そもそも矢村裁判長は、本日双方の意見書が提出されることを受けて裁判所が判断を下すことを予定しておられました。しかし、それよりも前に菅家さんが釈放されました。矢村裁判長は、この場に菅家さんが同席することなど予想もしておられなかったはずです。そのことについてどう考えておられるのでしょうか」と尋ねました。

すると、矢村裁判長は、「そんなことは裁判所も予想していなかった。検察官がＤＮＡ再鑑定の結果を考慮した結果なのだろう」と他人事のように言うのです。そこで、私は、「矢村裁判長は公表禁止を命じられたことの責任を感じないのですか」と言ったうえで、「矢村裁判長とは不思議な縁で、私が主任弁護人である横浜事件の第四次再審請求に関連する第三次再審請求事件で、矢村裁判長は、再審開始決定を下されました。しかし、その理由は、日本がポツダム宣言を受諾したことによって治安維持法が失効し、免訴理由があることになったというもので、請求人は有罪であって弁護人の無罪主張は失当というものでした。そこで、私は、矢村決定は横浜事件の真実を隠す危険性があると批判して、第四次再審を闘い抜き、五年後の昨年一〇月にようやく大島隆明裁判長による無罪を認めた再審開始決定を得たのです。翻って、足利事件に関するこの間の矢村裁判長の姿勢をみると、足利事件でも同じく真実を隠した開始決定を下されるおそれがあります。どうかそのようなことを繰り返さないで頂きたい」と述べました。すると、矢村裁判長は「横浜事件の開始決定で、請求人が有罪であると書いたことはない」と答えました。私は、驚き、「矢村裁判長は自分が下した裁判のことを覚えていないのですか。私は論文で矢村決定を批判しましたので、間違いありません」と言いますと、矢村裁判長は「いや、違う。黙って聞いていたが、裁判所の批判をするのなら、これ以上聞く必要はない」と言って面談を打ち切り、立ち上がったのです。そこで、別れ際に「横浜事件の決定を持参してお話しすることはできますか」と聞きますと、「よし、いいだろう」と矢村裁判長は答えました。

こうして、菅家さんと矢村裁判長以下の裁判官との面談が終わりました。矢村裁判長は、菅家さんに裁判所を代表して謝罪しないどころか、自らの態度を反省することもせず、極めて高圧的な姿勢を貫いたのです。菅家さんは完全に落ち込みました。

東京高裁の再審開始決定の強行

週末にようやく元気を回復した菅家さんと一緒に、横浜事件の矢村決定（〇三年四月）ほかの資料を持参して、六月一五日（月曜日）に裁判所に赴きました。矢村裁判長との面談を求めると、矢村裁判長は一人で応じてくれました。そこで、横浜事件の矢村決定を示して、「このとおり、裁判長は横浜事件の請求人は有罪であると書いておられます」と指摘すると、自分の決定を読んだうえで、「そうではない。これはそのような意味ではない。

弁護人の主張に対して判断を示しただけだ」などと弁解を始め、矢村裁判長に手渡した資料を「こんなものは持って帰れ」と言って突き返し、面談を打ち切ってしまったのです。しかし、横浜事件の矢村決定にはつぎのようにあり、矢村裁判長の「弁明」は詭弁《きべん》というほかありません。

「弁護人は、弁論終結時あるいは判決時に罰条である治安維持法が失効していたのであるる以上、罪とならず、あるいは犯罪の証明がなく、無罪判決をすべきとの主張もしている。しかしながら、治安維持法の効力を上記のように解したとしても、犯罪とされる行為の後に法が失効したにすぎず、かかる場合について無罪とする理由はない。無罪を言い渡すべき場合に当たるとする弁護人の主張は失当である」

菅家さんが一七年半も自由を奪われたことの最大の責任者は、裁判所（裁判官）です。そうであるのに、足利事件の再審請求について判断を下す立場にある矢村裁判長は、何ゆえに、菅家さんの目の前で、しかも、二度に及んで、このような態度を取ることができるのかと考えざるを得ませんでした。

そして、翌一六日の夕刻、東京高裁から、「一週間後の六月二三日午前一〇時に即時抗告審としての決定を下す」という通知が電話であったのです。

「即時抗告審としての決定」とは、もはや「再審開始決定」以外にはありません。「再審開始」は、私たちが二〇〇〇年七月の最高裁決定以来求めてきたものです。

しかし、既に菅家さんが釈放されて自由を回復している以上、そして、足利事件の悲劇を招いたものが単純なものではなく、構造的・重層的なものであることが明らかな以上、その原因の徹底解明こそが求められていることは、誰の目にも明らかでした。そうであるのに、そして、DNA再鑑定に関する検察・弁護双方の意見書が提出されただけなのに、裁判所が「再審開始決定」を下すということは、足利事件の悲劇の原因をまったく究明しないで、DNA再鑑定の結果だけによって再審を開始し、すべてを闇に葬ることを意味します。

そこで、弁護団は、「再審開始決定」を強行しないよう矢村裁判長に猛省を促す弁護団声明を発すると同時に、あらためて三者協議を開くよう申し入れました。

しかし、矢村裁判長は、弁護団の面談には応じたものの、決定強行の姿勢は崩さず、前日の六月二二日「三者協議は開かずに決定を下す」旨通知してきたのです。そこで、同日夕方、菅家さんは、矢村裁判長以下三人の裁判官の忌避申立てを行いました。しかし、わずか一時間後に、簡易却下され、翌日午前九時三〇分に申し立てた異議申立ても無視され、午前一〇時に再審開始決定が強行されたのです。

偽りの再審開始決定

矢村裁判長によって下された決定は、私たちが予想したとおり足利事件の真実に目を覆った、偽りの再審開始決定でした。以下が裁判所の判断の全文です。

「3　当裁判所は、上記新証拠の内容、本件の証拠構造における本件DNA型鑑定の重要性及びDNA型鑑定に関する著しい理論と技術の進展の状況等にかんがみ、弁護人が申し立てたDNA型の再鑑定を行う旨決定した。具体的には、大阪医科大学教授鈴木廣一及び筑波大学教授本田克也を鑑定人に選任し、本件半袖下着については、以前の鑑定により切り取られて精液の付着が判明している数カ所の中心点をつないで左右に切り分ける形でこれを二分し、各一片に付着する精液と申立人から採取した血液等の各DNA型を明らかにしてそれらが同一人に由来するか否かを判定させたところ、次のとおりの結果となった。

鈴木鑑定によると、常染色体及びY染色体の各STR検査において、本件半袖下着の精液が付着していた個所の近くから切除した3カ所の部分から、同一のDNA型を持つ男性のDNAが抽出され、それは申立人とは異なるDNAであった。また、精液の付着が確認されていない部分からはDNAが抽出されなかった。

本田鑑定によると、MCT一一八部位、Y染色体のSTR検査及びミトコンドリア検査において、本件半袖下着の精液が多く付着していた個所及びその上下の部位から切除した3カ所以上の部分から、同一のDNA型を持つ男性のDNAが抽出され、それは申立人とは異なるDNAであった。

なお、鈴木鑑定及び本田鑑定により抽出された各男性DNAは、両鑑定に共通するY染色体の6STRの型がいずれも一致したため、同一人のものであることが推定される。

検察官は、本田鑑定の信用性を争うものの、鈴木鑑定については信用性を争わないという。鈴木鑑定のみによっても、申立人のDNAと本件半袖下着から検出された男性DNAの型は一致していないこと、その男性DNAは、精液の付着が確認されている個所に近い3カ所の部分から抽出されていること、精液の付着が確認されていない部位からはＤＮＡが抽出されていないことが認められ、鈴木鑑定が用いた精液のＤＮＡの抽出方法については検察官も適切なものであると認めていることなどを併せ考慮すると、上記の男性ＤＮＡが本件の犯人のものと思われる遺留精液から抽出された可能性が高く、その型は申立人の型と一致しないことが認められる。そうすると、本田鑑定の信用性について判断するまでもなく、申立人は本件の犯人ではない可能性が高いということになる。

4　そして、上記の事実は、確定判決において申立人が有罪とされた根拠の②である申立人の自白についても、その信用性に疑問を抱かせるのに十分な事実と言える。他に申立人が本件の犯人であると認めるに足りる証拠はなく、申立人が本件の犯人であると認めるには合理的な疑いが生じている。

第3　結論

以上からすれば、本件再審請求は、刑訴法四三五条六号所定の有罪の言い渡しを受けた者に対して無罪を言い渡すべき明らかな証拠を新たに発見した時に該当する。論旨は理由がある」

要するに、矢村裁判長による再審開始決定とは、ＤＮＡ再鑑定の結果を引用したうえ、検察官が争わない鈴木鑑定によれば、犯人と菅家さんのDNA型は一致しないことが認められるので、本田鑑定の信用性を判断するまでもなく、菅家さんは犯人でない可能性が高く、菅家さんの公判廷の自白も信用性に疑問を抱かせるに十分であるから、鈴木鑑定が無罪を言い渡すべき新証拠になるとしただけのものなのです。

しかし、そのようなことは言われなくても分かっています。いいえ、検察官が開始決定前に菅家さんを釈放したことからも明らかなように、DNA型が一致しなかったことから、菅家さんは犯人ではないと「断定でき」、菅家さんの公判廷の自白も「虚偽であることが明白である」と言うべきなのに、開始決定は、「可能性が高い」とか「信用性に疑問を抱かせるに十分」と言って誤魔化しています。矢村裁判長は、正しい言葉遣いも知らないのです。

しかし、矢村決定の最大の欺瞞《ぎまん》は、科警研のDNA鑑定が誤鑑定であり、菅家さんが、警察官や検察官だけでなく、裁判官の前でも虚偽の自白をしたことを、裁判所が四度にわたって見抜けなかったことを不問に付し、あたかも新しく開発されたDNA再鑑定によってはじめて菅家さんの無実が分かったかのように述べて、再審を開始したことです。

つまり、矢村決定によれば、菅家さんの自由を一七年半も奪ったことについて誰も悪くないことになります。矢村裁判長が菅家さんに一言も詫《わ》びようとしなかったのも、矢村裁判長がそう考えているとすれば筋は通ります。しかし、そのようなことが許されないことは言うまでもありません。

無傷だった本田鑑定

ところで、矢村決定は、「本田鑑定の信用性について判断するまでもなく」と言って、本田鑑定について判断を示しませんでした。

本田鑑定は、科警研と検察官によって抹殺されそうになり、裁判所が一時それに加担しましたが、矢村決定は、本田鑑定を抹殺できなかったのです。私たちが矢村裁判長らに対する忌避申立でその旨の危惧を強く表明したことが、功を奏したのかもしれません。

そこで、本田鑑定の意義を再確認しておく必要があります。矢村決定は、「本田鑑定によると、MCT一一八部位……において、……本件半袖下着の……DNA型……は申立人とは異なるDNAであった」としか書いていません。しかし、既にみたように、本田鑑定は、犯人のMCT一一八型が一八―二四であることを突き止めたのです。

足利事件の真犯人のMCT一一八型が一八―二四であるということは、それを一八―三

○（当初は一六―二六）とした科警研のDNA鑑定が根本的に誤っていたことになります。科警研がまともな鑑定をしていれば、菅家さんが任意同行されることもなかったのです。また、だからこそ、科警研と検察官は、本田鑑定の一八―二四という鑑定は、「真実ちゃんのDNAを増幅した可能性があり、信用できない」と主張したのです。そうであるというのに、本田鑑定の信用性について判断を示さない裁判所とは一体何なのでしょうか。

本田鑑定は、既に一九九二年の段階で、福島弘文信州大学教授（当時）らとの連名の論文で、科警研のDNA鑑定は誤鑑定を犯すおそれがあることを指摘したことを明記して、足利事件のDNA鑑定がまさにそのようなものだったことを明らかにしたものでした。

そして、検察官推薦の鈴木教授も、鑑定書で「（科警研）の鑑定検査方法は当時、刑事司法に適用する科学技術としては標準化が達成されていなかったといえる」と科警研のDNA鑑定が刑事裁判の証拠に使えるレベルになかったと指摘せざるを得なかったのです。この鈴木鑑定については、検察官も一言も批判していないことは矢村決定も認めています。つまり、鈴木鑑定は、本田鑑定と矛盾するものではなく、同一線上にあり、本田鑑定ほど踏み込まなかっただけなのです。おそらく検察官にもそのことは分かっていると思います。何故なら、六月一二日付の検察官意見書は、「（本田）鑑定については、本年六月十一日付け科学警察研究所所長福島弘文作成に係る意見書のとおり、検査の方法等に疑問があり、全体的に信用性に欠けるものと考える」としたもので、全面的に科警研意見書に依拠したものだったからです。そこに検察官独自の意見はまったくありません。

ところで、お気づきのように、科警研意見書は、福島弘文科警研所長名義のものでした。福島氏は、本田教授とともに、かつては科警研のDNA鑑定の鑑定方法には疑問があるとした研究者で、私自身足利事件について助言を受けたことがあります。その福島氏が、立場上とはいえ、科警研のDNA鑑定を擁護し、本田鑑定抹殺の書面に捺印《なついん》するということは何を意味しているのでしょうか。福島氏にも科学者としての良心があると私は信じます。

そこで、私たちは、六月一二日付意見書で、裁判所に対し、向山元技官、坂井元技官、鈴木教授、本田教授のほか、福島氏の証人尋問を要求しました。しかし、矢村裁判長は、これらをすべて無視して、開始決定を強行したのです。またこそ、開始決定は、足利事件のDNA再鑑定が意味するものについて、まったく考察を加えず、ただ鈴木鑑定の結果菅家さんが犯人でないことが分かったことだけをその理由として揚げたのです。矢村決定は、裁判所に期待される役割を完全に放棄した、およそ「裁判」の名に値しない、人を欺く決定と言うほかありません。

裁判所・検察・科警研の犯罪その一―犯人隠避

検察官は、足利事件の犯人のMCT一一八型が一八―二四であることを否定しようとしています。足利事件の犯人が分かったとして、既に時効が完成しているため、犯人が逮捕・起訴され有罪になることはありません。裁判所と検察官は、一二年前に菅家さんのDNA型は犯人のDNA型と異なることの指摘を受けながら、これを放置し、時効を完成させてしまいました。重大な過失による犯人隠避を行ったことになります。

しかし、本田鑑定によって犯人のMCT一一八型が一八―二四であることが分かったのに、これを否定するということは、明らかに故意の犯人隠避です。真実ちゃんのご遺族の犯人に対する損害賠償請求権は、犯人を知ったときから三年ですので、未《いま》だに時効は完成していません。警察と検察は、真実ちゃんのご遺族のためにも、犯人のMCT一一八型が一八―二四であるのか、そうでないのかを明確にする責任があるのに、そして、真実ちゃんのお母さんから真実ちゃんの臍の緒などの提供を受けながら、その鑑定結果を明らかにせず、犯人のMCT一一八型は一八―二四ではないと言い張っているのです。

さらに、足利事件で幼女の手を引いて渡良瀬川の方向に向かっていく不審な男を目撃した女性は、その男が、（菅家さんが控訴審判決を受けて二か月後の）一九九六年七月七日に足利市に隣接する群馬県太田市で発生した横山ゆかりちゃん事件でパチンコ店の防犯カメラに残された犯人らしき人物と「よく似ている」と証言し始めています。

ゆかりちゃん事件は事件発生から一三年で、未だに一五年の刑事時効（現在は二五年）は完成していません。事件の捜査に当たっている群馬県警は、足利事件のＤＮＡ再鑑定の結果も重要な捜査情報として活用しようとしていると聞いていますが（当然のことです）、足利事件の犯人のＭＣＴ一一八型が一八―二四であることを否定している検察官は、ゆかりちゃん事件の容疑者のＭＣＴ一一八型が一八―二四だったとき、どのような捜査指揮をするつもりなのでしょうか。

要するに、足利事件の犯人のＭＣＴ一一八型が一八―二四かそうでないのかは、犯人逮捕・起訴の可能性が残されているゆかりちゃん事件の捜査にも直結する問題なのです。したがって、その意味でも、矢村裁判長らには、本田鑑定の信用性について証拠調べを行う義務があったのです。しかし、矢村裁判長らは、私たちのそのような指摘も無視しました。矢村裁判長らは、科警研や検察官とともに、国民から負託されている使命に明らかに反する犯罪的行為を行ったと私は考えます。

裁判所・検察・科警研の犯罪その二――殺人

本田鑑定は、科警研による足利事件のDNA鑑定が、鑑定以前の恐るべき誤鑑定だったことを白日のもとに晒《さら》しました。

ところで、足利事件から一年九か月後の一九九二年二月二〇日、福岡県飯塚《いいづか》市で発生した二幼女誘拐殺人死体遺棄事件（飯塚事件）で、科警研のDNA鑑定によって、久間三千年さんが死刑判決を受けました（二〇〇六年九月八日上告棄却）。

そして、およそ二年後の二〇〇八年一〇月二八日、久間さんに対する死刑が執行されました。久間さんは、菅家さんと異なり、一貫して無実を主張していました。また、飯塚事件では、科警研のDNA鑑定と矛盾する結果を示す石山昱《いく》夫《お》帝京大学教授（当時）のDNA鑑定が存在していました。しかし、裁判所は、石山鑑定を否定して、科警研鑑定によって久間さんを犯人と断定し、死刑判決を下したのです。

そして、科警研鑑定の結果は、久間さんと犯人のMCT一一八型は一六―二六であるというものでした。奇《く》しくも、足利事件の科警研鑑定とまったく同じ型だったのです。私たちは、「東の足利、西の飯塚」と呼んで、協力しながら弁護活動に従事してきました。

久間さんの有罪判決確定後の状況は知りませんでしたが、私は、足利事件のDNA再鑑定は、飯塚事件にも光を投げかけるに違いないと思いました。そして、既にお話ししたように、私が一〇月一五日付検察官意見書をその日のうちにリークしたことがきっかけで一〇月一六日から「足利事件、DNA再鑑定へ」という報道が一斉に始まったのです。このことは、間違いなく、久間さんにも伝わっていました。何故なら、当時無期懲役刑で服役中の既決囚だった菅家さんは、足利事件に関する報道をテレビや新聞で知っていましたが（かつてと違い、現在は、新聞が黒塗りされることはありません）、死刑囚で未決囚と同じ処遇を受けていた久間さんの場合は、より容易に報道に接することができたからです。久間さんも足利事件でDNA再鑑定が行われる見通しになったことを知っていたのです。

ところが、その直後の一〇月二八日、久間さんに対する死刑が執行されたのです。私は翌日の新聞でこのことを知りましたが、久間さんのご家族や弁護団にとって、久間さんの死刑執行のニュースがいかに衝撃的だったかと思うと胸がつぶれる思いです。

足利事件で光が見えたとたん、飯塚事件は地獄へと突き落とされたのです。

霞ヶ関の検察庁と法務省の建物は、双子のビルです。検察庁ビルの東京高検で、足利事件のDNA鑑定が見直されることについて、検察官としても反対しないという方向が打ち出されたそのときに、隣の法務省ビルの矯正局では、飯塚事件の死刑執行手続が密《ひそ》かに進行していたのです。誰が考えても、飯塚事件の死刑執行はしばらく見合わせるべきものでした。しかし、矯正局の検察官を含む多数の役人は次々と決裁印を押していきました。そして、法務・検察に関する報道だけは知っておかねばならない、(したがって足利事件がDNA再鑑定に向かっていたことを知っていた)森英介法務大臣は、足利事件と飯塚事件の関連性について想像力を発揮することもせず、久間さんの死刑執行指揮書に署名・捺印したのです。

まことに恐るべきことと言わなくてはなりません。法務・検察は、完全にブレーキの利かない殺人マシンになっているのです。

アメリカでは死刑執行の文字どおり寸前まで弁護士が関与できます。しかし、わが国では、死刑は執行当日本人に知らされ、本人は外部と連絡をとることもできず、刑場に引き立てられます。私は、久間さんの死刑執行当日の有様を想像して、菅家さん(と妻)に話しながら、思わず泣かずにいられませんでした。久間さんは弁護人に連絡しようにも連絡できないまま殺されたのです。久間さんの死刑執行を命じられた刑務官の思いはどのようなものだったでしょうか。

久間さんの死刑執行は、疑いもなく、あまりに非人間的な殺人というほかはありません。久間さんが無実だと言っているのではありません。しかし、久間さんが無実である可能性は、足利事件の科警研のDNA鑑定が、鑑定以前の誤鑑定だったことが明らかになった今、より一層強まっています。そうではないという人も、再審請求の機会を奪って久間さんの死刑執行をすべきだったとはまさか主張しないでしょう。しかし、現実にそのようなことが起きたのです。

こうして、法務・検察は、科警研といわば共犯の関係になりました。もはや、法務・検察には、科警研の誤りを暴くことはできません。それを暴くことは、飯塚事件の取り返しの付かない自らの過ちをさらけ出すことを意味し、飯塚事件の死刑執行に関与した者の民事上、刑事上の責任を問わざるを得なくなり、法務大臣や検事総長の辞任にまで発展するに違いないことを検察は本能的に察知しているのです。

六月一〇日の最高検の伊藤次長検事の早期再審開始・無罪の指示、六月一一日の東京高検の有罪立証放棄・無罪論告の表明、六月二三日の矢村裁判長の再審開始決定の欺瞞《ぎまん》という一連の異常事態は、そのように考えると、まことに理に適《かな》っています。

こうして、足利事件の現在は、足利事件のＤＮＡ再鑑定によって開かれたパンドラの箱を、再び閉じようとする者との戦いにほかなりません。彼らは、菅家さんに「すみやかに無罪判決を下す」ことによって、早期の幕引きを狙っています。

しかし、菅家さん自身が述べているように、失われた一七年半を数か月で帳消しにすることはできません。

足利事件の悲劇を二度と繰り返さないために、足利事件で何がどこでどうまちがっていたのかを、辛《つら》いことかも知れませんが、ひとつひとつ検証することこそが求められています。パンドラの箱から飛び出す悪の顔がどんなに醜悪でも、それを正視する勇気を持たなくてはなりません。それが、菅家さんの蒙《こうむ》った冤罪の苦しみを未来に活かす唯一の道なのです。

菅家さんの許しと笑顔

伊藤鉄男最高検次長検事の「謝罪」会見の翌日の六月一一日、石川正一郎栃木県警本部長も謝罪の談話を発表しました。

私は、新聞記者からコメントを求められて、「謝罪するのなら菅家さんに直接すべきものだろう。菅家さんは今も私の横にいる。私の携帯電話の番号を教えるので本部長に伝えてほしい」と答えたものの、何も期待しませんでした。

しかし、翌早朝、留守電に「本部長は菅家さんに直接会って謝罪したいと考えている」という栃木県警からのメッセージが残されていることを知り、驚きました。

そして、早速栃木県警に連絡をして実現したのが、皆さんご存じの六月一七日の石川本部長との謝罪会見です。石川本部長は、「菅家さん、長い間、つらい思いをさせましたことを心からお詫び申し上げます」と菅家さんに直接謝罪しました。菅家さんは、石川本部長の誠意ある言葉と態度に接して一気に心を開き、記者会見では「警察を許そうと思います」と発言しました。「北風と太陽」の寓話《ぐうわ》を目の当たりにして、私は、奇跡をみているような思いに駆られました。

同じ日の午後、菅家さんは、足利市長との面談のために足利市に向かいましたが、一七年半ぶりに見る故郷は、菅家さんにとって何ものにも代え難いものでした。そして、大豆《おうまみ》生《う》田《だ》市長から「足利市民を代表して歓迎します」と言って頂いたとき、菅家さんは満面の笑みを浮かべました。

一日置いた六月一八、一九日は、菅家さんと私の故郷である島根で過ごしました。菅家さんは飛行機に乗ったことがなく、六月四日の釈放以来温泉に行くことを望んでいたからです。出雲《いずも》でも松江《まつえ》でもたくさんの人から「大変でしたね。これまでの分も取り戻して幸せになって下さい」と声を掛けられ、菅家さんは本当に嬉《うれ》しそうでした。

週が明けた六月二二日は矢村裁判長らの忌避申立て、六月二三日は異議申立てと開始決定の交付という嵐のような時間でしたので、まるでオアシスのような日々でしたが、許しと笑顔こそ、菅家さんにふさわしいと思います。

菅家さんが、裁判官、検察官、科警研の技官、そして、弁護士を心から許してくれるときまで、今しばらく、菅家さんとともに歩まなくてはなりません。そのときまで、どうか皆さん、力を貸して下さい。

あとがき

　刑事弁護人が担当する事件について世に訴えることは、法廷外から裁判に影響を及ぼそうとすることで、弁護士倫理上問題がないわけではない。しかし、わが国ではときにそのような行為が行われてきた。私の畏敬《いけい》する正木ひろし弁護士の八海《やかい》事件をめぐる『裁判官―人の命は権力で奪えるものか』（一九五五年、光文社）はその代表的なものである。この本を映画化した、「真昼の暗黒」（一九五六年、橋本忍脚本・今井正監督）は、その年の映画賞を総なめにした（カルロビバリ国際映画祭では、「世界の進歩に貢献した映画賞」を受賞した）。

　第一次控訴審で死刑が維持された阿藤周平さん（映画では「小島武志」）が年老いた母親に「お母《つか》さん、まだ最高裁があるんだ。まだ最高裁がある」と叫ぶシーンは、人々に深い感銘を与えた。当時小学生だった私は父に連れられてこの映画を観た。今思い起こすと、そのとき刑事弁護人になろうと思ったのだと気付く（詳しくは、佐藤博史『刑事弁護の技術と倫理―刑事弁護の心・技・体』〔二〇〇七年、有斐閣〕まえがきiiページ、一〇九ページ）。

足利事件は、既に菅家さんの無実が明らかになり、残されているのは再審公判での無罪判決だけであるから、この本が裁判の「結論」に影響を及ぼすことはない。しかし、私は、足利事件が、八海事件とは別の意味で、日本の刑事裁判にとって重要な裁判になると考える。宇都宮地方裁判所が、足利事件の裁判で、どのような審理を行い、どのような判決を下すのかに、私たちの未来が懸かっているのである。

私が菅家さんに出会った一九九三年九月七日という日は、私の運命を変えた日だった。以来、私が菅家さんの無実を疑ったことはない。二〇〇八年二月一三日に再審請求が棄却され、翌日菅家さんと会ったあと、私を出迎えたテレビカメラに向かって、私は涙ながらに「神様がひとつだけ願いを叶《かな》えてやると言われれば、私はためらうことなく、菅家さんの無罪判決をとお願いするつもりで頑張ってきました。再審請求が棄却されたことは残念でなりません」と述べたが、そのとき私の胸に去来していたのは、私が生きているうちに菅家さんの無実の罪を晴らすことができるのだろうかという不安だった。

しかし、それから、一年半も経たない二〇〇九年六月四日、菅家さんの釈放が実現し、私の生活は文字どおり一変した。二日後の六月六日、未だ一人で社会生活のできない菅家さんを自宅に迎えることを思い付き、妻や両親に相談すると、快く認めてくれた。以来菅家さんは家族の一員のようになって今日に至っている。一か月余りで菅家さんはどこにでも自由に出掛けることができるようになり、八月初めからは、私の家の近くのアパートで一人暮らしを始めた。

正木弁護士には、『弁護士　私の人生を変えた首なし事件』(一九六四年、講談社)という本もある。足利事件は、疑いもなく、私の「人生を変えた事件」である。

獄中で接していた菅家さんと今の菅家さんは、まったく違って私にはみえる。本文でも書いたが、菅家さんの知的能力について私は完全に誤解していた。菅家さん自身、自分の隠れていた能力に気付き始めている。菅家さんにとっても、私にとっても、感動の日々が続いている。

さらに、菅家さんが釈放されて二か月になろうとする七月下旬、菅家さんの「任意同行日」(一九九一年一二月一日)が「結婚記念日」である元B保育園の保母さん(A先生)から電話があった。菅家さんがもっとも気に掛けていた人である。菅家さんの携帯電話の番号を伝えると、A先生から菅家さんに直接連絡があった。「A先生は、私の無実を信じてくれていました」、菅家さんは満面の笑みを浮かべて報告してくれた。二日後、菅家さんは一人で横浜から三時間かけてA先生に会いに出掛けた。ご自宅でご主人にも会うことができ、たまたまご両親からも電話があって、お詫びしたが、どちらからも「菅家さんが悪いわけではない。何も気にしていない」と言って頂いたという。

足利事件の悲劇は、菅家さんだけでなく、人生のスタートである結婚式を台無しにされたA先生の悲劇でもあった。それでも、A先生とそのご家族は、菅家さんの無実を信じていてくださった。本当に有り難いことだと思う。その日から菅家さんの笑顔がいっそう輝きを増したことは言うまでもない。

菅家さんの将来を考えると、そして、同じ境遇にある人々のことを考えると、何よりもこれらのことをお伝えしなければならないと思う。

しかし、この本では、足利事件のこれまでの経過と目前に控えている裁判のことだけを書いた。そこにも菅家さんと同じ苦しみに耐えている人々の未来が懸かっているからである。

タイトルの「訊問《じんもん》の罠《わな》」は、戦前の刑事訴訟法では被疑者・被告人は「主体」ではなく「対象」として「訊問」されたことから来ている。菅家さんは、警察官、検察官だけでなく、弁護人や裁判官からも「訊問」の対象とされ、「罠」に嵌《は》まり、長い間、そこから抜け出すことができなかった。

罠に落としたのが、科警研のＤＮＡ鑑定であり、罠から救ったのが、鈴木廣一教授と本田克也教授のＤＮＡ再鑑定である。さらに、本田教授のＤＮＡ鑑定は、科警研のＤＮＡ鑑定が恐るべき罠だったことを暴いた。菅家さんを救って頂いた真の科学者であるお二人に、菅家さんとともに、心から感謝申し上げて、ひとまず筆を擱《お》くことにする。

菅家さんとの闘いは、まだ終わりそうにない。

二〇〇九年八月一四日

佐藤博史

（追記）脱稿直前の八月一一日、森川検事による菅家さんの取調べテープが一〇数本残されていることが判明し、最高検もこれを認めた。足利事件の真実と、取調べの全面録音（録画）の正しさを教える、菅家さんの取調べテープをめぐる新たな闘いが始まった。

菅家利和（すがや・としかず）
「足利事件」冤罪被害者。1991年、栃木県足利市で幼女が殺害された事件で逮捕。公判で無実を訴え続けるも、2000年に無期懲役が確定し、収監。09年6月4日、DNA再鑑定の結果、無罪が明らかになり、逮捕後17年半ぶりに釈放された。

佐藤博史（さとう・ひろし）
弁護士。早稲田大学客員教授。1948年、島根県に生まれる。71年、東京大学法学部卒業。74年、弁護士登録。2004年、東京大学法科大学院客員教授。二審より、足利事件の弁護にあたり、菅家氏の無実を主張し続けてきた。現在も、足利事件の真実を明らかにすべく、検察・裁判所と闘い続けている。主著『刑事弁護の技術と倫理―刑事弁護の心・技・体』（2007年、有斐閣）。

訊問《じんもん》の罠《わな》
――足利《あしかが》事件《じけん》の真実《しんじつ》

菅家《すがや》利和《としかず》　佐藤《さとう》博史《ひろし》

二〇〇九年九月十日　初版発行

発行者　井上伸一郎
発行所　株式会社角川書店
東京都千代田区富士見二―十三―三
〒一〇二―八〇七八
電話／編集　〇三―三二三八―八五五五

発売元　株式会社角川グループパブリッシング
東京都千代田区富士見二―十三―三
〒一〇二―八一七七
電話／営業　〇三―三二三八―八五二一
http://www.kadokawa.co.jp/

装丁者　緒方修一（ラーフイン・ワークショップ）
印刷所　暁印刷
製本所　BBC

角川oneテーマ21　A-104

ISBN978-4-04-710208-8 C0295

A-97
正社員が没落する
――「貧困スパイラル」を止めろ！
堤 未果
湯浅 誠
「まさか自分がこんな境遇に墜ちるとは！」貧困に墜ちた時、みな口を揃えていう言葉だ。誰も語らなかった「中間層の貧困化」、その事実が明かされる！

A-89
転職は1億円損をする
石渡嶺司
「転職すると損をする」。転職業界の常識を転職希望者は知らずにいる。ビジネスのカラクリを暴き、「一件、いくら損をするのか？」数字で初めて示す!!

A-88
一流の人は空気を読まない
堀 紘一
会社の空気ばかり読んで、「会社のプロ」に成り下がっているようでは、国際競争の時代に生き残ることは難しい。世界レベルで通用するビジネスのつくりかた。

B-104
フロイトで自己管理
齋藤 孝
すぐ飽きる、イライラする、物忘れがひどい、引っ込み思案……。変われば自分が、楽になる。困った時や、悩んだ時に、すぐに使える手法が満載！

C-158
スパークする思考
――右脳発想の独創力
内田和成
情報の整理は無駄な努力！ 問題意識を持ち、アナログな情報に触れるだけで、革新的アイデアが生まれる。世界のトップコンサルタント、独自の発想術。

B-112
ナポレオンで仕事上達
齋藤 孝
史上最高の実務家は、いかにして兵士の心をつかみ、最強のチームと戦略を作り上げたのか。その秘密と実践法。

A-43
新卒ゼロ社会
――増殖する「擬態社員」
岩間夏樹
定期一括採用を前提に税金・年金徴収を企業が肩代わりするシステムが危ない！ 40年に亘る「新入社員意識調査」から見えてくるニートやひきこもりを超えた大問題。

A-94
ああ、監督
——名将、奇将、珍将
野村克也
組織は監督の「器」より大きくならず。歴代監督から現役監督の戦術や人間性までを徹底分析した「リーダー論」。野村流リーダー学の極意も公開する！

A-86
野村再生工場
——叱り方、褒め方、教え方
野村克也
「失敗」と書いて「せいちょう」と読む。人は無視・賞賛・非難で試される。意識付け、考え方、ぼやき方まで、楽天的再生論の極意を初公開する。

A-87
覚悟のすすめ
金本知憲
強い覚悟が自分を支える力になる。連続フル出場の世界記録を更新し続ける鉄人の精神力と強靭な肉体の秘密。

A-84
戦うことを忘れた国家
黒野　耐
この国はいつまで負け続けるのか！　対米追従、いや隷従を続けて三流国へと堕ちた安全保障……。軍事の専門家が「一流の国」に脱皮する戦略を示す！

A-81
逆接の民主主義
——格闘する思想
大澤真幸
先の見えない時代は、一体いつまで続くのだろうか？気鋭の社会学者が、日本をやり直す逆接の提言を示す！この国が抱える難題は解決できる！

A-78
日本教徒
——その開祖と現代知識人
イザヤ・ベンダサン
山本七平＝訳編
極めて非論理的な思想構造をもつ日本知識人の祖型を戦国末から江戸初期に生きた文化人ハビヤンの生き方に見出し探求した、出色の日本文化論。

B-107
裁判中毒
——傍聴歴25年の驚愕秘録
今井亮一
傍聴は、好奇心から始めてよし！　法廷現場でしか見られない人生の深淵を、傍聴歴25年の著者が丹念に綴った出色の裁判傍聴入門テキスト！